比较文学与文艺学丛书

四川大学“211工程”重点建设学科项目

四川省哲学社会科学“十一五”规划项目（项目编号：SC10C033）

新媒体影像传播研究

罗飞 著

四川出版集团

巴蜀书社

目 录

绪　论

一　研究现状与趋势

本研究涉及的新媒体环境意指当前媒介融合和新媒体技术背景下的媒介环境，与之前简单地以不同媒介形态区分媒体的媒介大环境相区别，本书所有相关研究都将在此前提下进行。影像传播指基于视觉的影像传播行为和内容。本书涉及消费文化，更多的是涉及具备明显消费文化特征的社会性的受众媒介消费行为和心理。

作为研究前提和背景，新媒体环境是当下传播学界业界最为关注的话题。就目前传媒生态而言，新媒体环境的重要标志为传统媒介的融合和媒体数字化生存。近年来，在涉及媒介融合和数字化媒体生存的理论成果当中，大部分是关注“汇聚”、“集中”、“整合”等“合”的方面。南方日报出版社出版、王菲著《媒介大融合：数字新媒体时代下的媒介融合论》一书围绕“任何人”在“任何地点”和“任何时候”获得“任何想要的东西”，这一数字新媒体发展的内在驱动力和终极目标，对媒介融合中的媒介产业、电信产业、互联网产业、IT产业、电子产业等领域内所发生的生产形态的融合、行业的融合、政策的融合、组织的融合、管理的融合、技术的融合进行了从具体状态呈现到终极哲学意义的全景式的探讨。中国传媒大学出版社出版、刘婧一著《应对媒介融合：新环境下的电视节目营销》一书，则从传统形态划分下的传统媒体角度出发，探讨在媒介融合的大趋势下，电视媒体本身以及相关节目制作和生存形态的变化。

在对媒介融合的理论关照过程中，学者彭兰提出，融合只是一个手段而不是目的，合是为了更好的分，通过融合达到更高层次的多样化，这才是媒介融合的终极目标。媒介融合，是媒介业务形态的融合和媒介内容的多媒体化。它不仅要求从业者技能跨媒体化，还要根据多媒体内容采集与生产的需要，同时对现有媒体进行生产流程的改造，重新进行内部的分工，以达到最终形成整合了所有媒体的“大媒体”（mega media）的操作目标。

需要指出的是，研究中，对于融合后的“分散”、“分化”与“分工”等“分”的方面研究还远远不够。很多研究成果对媒介融合后接收终端和受众个体的分化没有作出更多的阐释。载体融合是媒介融合的一个重要层面，但这种融合，不是目的，而是手段和途径，是为了终端的进一步分化和集中，提高传播效率。各种传统形态的媒介产品都“借道”网络，而不是成为简单意义上的网络产品，即各种媒介产品都将汇流到网络中进行传输，而后又分散到各种不同的接收终端中，这样仍然可以保持媒介产品的多样化。这种“合”与“分”是生产过程的一种有机结合。“合”

是为了更有效地进行“分”。在这样的传播状况下，传统媒体产品固有形态的优点被保持，而借助网络作为传播渠道，降低传播成本，提高传播速度，拓展传播空间。

鉴于此，本书将在媒介融合带来的“由分到合”、“先合后分”的现实框架下，探讨影像传播的现实形态，对于传播方式和受众信息接收方式带来的变化及相关的社会心理影响等问题进行分析。静态的现象描述和分析是本书的基础，在此基础上进行的分与合的动态分析是本研究的理论落脚点和创新处。

同时，数字化生存是当前讨论一切媒体问题的基本出发点。技术对于传播的重大影响已经毋庸置疑。相关学术成果，最新有《互联网草根革命 web2.0 时代的成功方略》等教材和书籍。《互联网草根革命 web2.0 时代的成功方略》一书从技术、商务和社会三个方面重点阐述了信息革命的第三次浪潮——互联网草根革命的特征，分析了互联网“草根”革命时期人们面临的机遇和威胁，探讨了企业和个人在这一社会变革时期的成功方略。《新媒体技术——文化和商业前景》一书探究迅速发展的新媒体技术所带来的商业和文化意义，讨论技术本身以及技术是怎样影响人们的生活、工作和沟通方式。《新媒体革命——技术、资本与人重构传媒业》一书从信息技术发展创造一个又一个新媒体样式出发，在互联网强烈冲击传统媒体的现状下，论证技术、资本与人的交互作用将重构 21 世纪的传媒产业。《数字媒体解析》一书介绍多媒体基本概念，对数字音频处理、视觉信息处理、多媒体数据压缩与编码技术、多媒体数据处理的技术标准、多媒体系统结构、超文本与超媒体技术、多媒体数据库技术、虚拟现实技术、流媒体技术、多媒体信息安全技术作了比较系统的阐述，同时还对多媒体应用开发环境及实例进行了介绍。

在当前媒介资源极其丰富的社会，信息生产消费方式多种多样。基于视觉的影像传播在印刷文本、美术设计、卡通、摄影作品、电影、电视以及计算机等媒介中显示出日益强大的传播态势，与之相关联的大众使用、享受和消费传播内容的方式和心理随之发生变化。日趋数字化构造的视觉文化传播形态，因其初始阶段强调视觉快感，专注感性愉悦，被学界置于消费社会的背景施以学理层面的关照。理论溯源至20世纪六七十年代，对消费文化的学术研究已是当时西方学者的显赫课题。众多学者从政治经济学、社会学、人类学和符号学的角度解读西方社会消费文化及其最大表征。（德）瓦尔特·本雅明著，陈永国、马海良译《本雅明文选》；（英）雷蒙德·威廉斯等著，罗钢、刘象愚主编《文化研究读本》；（美）弗雷德里克·詹姆逊著，陈永国译《快感：文化与政治》等著作提出，物的大规模扩张，昭示着新的社会形式的转变，涵盖生产方式、生活方式和文化方式的全面革新。（法）鲍德里亚著，刘成富、全志钢译《消费社会》等著作成为提供消费文化解析的典范：消费的扩张，不仅带来社会结构的裂变，同时提供消费模式的基点的变化，即从物的物理消耗过渡到品牌符号的精神消费，以及相伴随的社会身份认同的潜在行为。自20世纪90年代至今，消费社会的理论成为国内学界考量当前媒介文化、传播与社会发展的互动关系等问题的理论切入点。罗钢、王中忱主编，中国社会科学出版社2003年出版的《消费文化读本》一书，介绍西方学界相关论断，强调消费社会的理论突出社会形态从以生产为中心的模式，向以消费为中心模式的转变。而在这个深刻的转变过程中，视觉因素作为一个不可避免的趋向呈现出来。消费社会的理论范式强调的是欲望的文化、享乐主义的意识形态和都市的生活方式。规避文字抽象能力接受门槛的影像传播成为消费社会大众最简便、最直接的信息使用手段。

20世纪六七十年代，在学界消费文化批判热潮涌动的同时，国际传播学界，首先是西欧的传播学家们，围绕“信息时代”的社会制度、传播体系和意识形态等问题，展开了一场广泛的国际讨论。这场国际讨论直接发端于两本书的问世：一本是《意识形态的终结》（1960年版），另一本是《后工业社会的来临》（1973年版），均为丹尼尔·贝尔（Danniel Bell）所著。贝尔对于以电影、电视影像为主的大众传播提出批判性观点。他认为包括电影、电视等电子传媒在内的通讯技术革命，与交通运输革命一起消除了社会的隔离状态，导致了大众社会的形成和大众文化的出现。大众传媒开阔了人们的视野，扩大了相互间的影响和联系，同时也造成对变化和新奇的渴望，促进了对轰动的追求，引起人们生活方式和价值观念的变革。贝尔指出，电影有多方面的功能——它是窥探世界的窗口，又是一组白日梦、幻想、打算、逃避现实和无所不能的示范——具有巨大的感情力量。广告突出了商品的迷人魅力，是新生活方式展现新价值观的预告，在这方面，广告所起的作用不只是单纯地刺激需要，它更为微妙的任务在于改变人们的习俗。

贝尔提出，当代文化正在变成一种视觉文化，而不是一种印刷文化，视觉文化是大众文化最重要的性质。而视觉文化在当代文化比重中的增加，实际上瓦解着文化的聚合力。贝尔比较印刷媒介和视觉媒介在传播效果上的差别。印刷媒介允许读者调节自己的阅读速度，给读者以思考的余地。它强调的是认知性、象征性的内容和抽象思维的方式，因而能引起读者的理解和情感的净化。以电影和电视为代表的视觉媒介，则把自己的速度强加给观众，没等观众来得及思考就一闪而过，它强调的是形象性内容和情感的震惊，导致的是观众反应的情绪化、戏剧化。在贝尔看来，视觉媒介倚重的影像创造出来的这种传播效果，不是来自内容而几乎全部来自技巧。视觉媒介就是通过一定的技术手段，如电影的蒙太奇手法或宽银幕立体声，为人们提供感官的刺激，追求直接、冲击、同步、轰动的效应，因此不可能使人获得某种超验的天职感、美化感，或一种经过悲剧和痛苦之后的心灵净化，相反它不可避免地要在人类经验的整个范围内制造一种对常识知觉的歪曲。所以，视觉文化虽比印刷文化更能迎合大众的感官需要，从文化意义上来说却枯竭得更快①。

以贝尔为代表的西方学者宣布视觉文化的来临。他们认为，社会消费行为中占统治地位的是视觉观念。声音和影像，尤其是后者，组织了美学，统率了观众。在一个大众社会里，这几乎是不可避免的。物质性的消费被精神性的消费所取代，商品拜物教转向了“形象拜物教”。更准确地说，形象即商品。法国的德波从另一个角度阐述了消费社会的形象霸权。在其影响深远的《景象社会》一书中，他开宗明义地切入了一个基本主题：生活的一切均呈现为景象

① 梅琼林：《当代视觉文化缘起及本质探析》，载《东南学术》2009年第6期。

(spectacles) 的无穷积累。当代社会的商品生产、流通和消费，乃至在这种生产关系中形成的人与人的关系，均由形象作为中介。景象既指涉依照形象、商品和景象来组织的媒介社会和消费社会，又指涉当代资本主义的种种体制的和技术的机构。

从贝尔到德波，消费社会与形象主导文化的关系显露出来。形象与商品的内在联系使得消费社会必然趋向于影像支撑的视觉文化。在贝尔和德波的理论中，都隐含着一个潜在的结论，那就是形象的霸权最终呈现为资本主义价值观和中产阶级生活方式的支配。他们对加拿大多伦多学派的麦克卢汉（McLuhan，M.）持激烈的批判态度。与麦克卢汉相比，他们在大众传媒的社会作用方面表现出一种悲观主义的倾向。

由此引出诸多学术界关注的话题：以影像为主的视觉传播到底在具有明显消费文化特征的现代社会中扮演着怎样的角色？其社会职能是否较之从前有所退化？与传统媒体相比，影像的视觉传播行为是传播的简化还是进步？在基于视觉的传播框架下，社会大众的接受心态、使用方式以及被媒体影响的方式是否有了颠覆性的转变？新兴媒体环境下，技术的数字化进步带给视觉影响的信息消费行为又有着哪些崭新的面貌？

针对以上问题，与视觉文化或者影像传播相关的众多学术问题被关注。（美）保罗·莱斯特《视觉传播——形象载动信息》：（中国传媒大学出版社 2003 年版），从视觉过程、视觉心理解析到影像传播形象中的隐形价值取向解读，以传播学的学术视野阐释影像传播带给社会和个体的细致影响。李鸿祥《视觉文化研究——当代视觉文化与中国传统审美文化》（中国出版集团东方出版中心2005年版)，探讨当代视觉传播与传统审美的契合点在何处。王志敏、杜庆春主编《理论与批评——影像传播中的身份政治与历史叙事》(中国电影出版社出版)，突破传统本体研究的范畴，将理论梳理拓宽到更深刻的文化、政治、思想语境。相关成果还有：(英)理查德·豪厄尔斯《视觉文化》(广西师范大学出版社出版)，王长潇主编《电影影像传播概论》(中山大学出版社出版)，王海龙《视觉人类学》(上海出版社出版)，王长潇《当代中国电视文化传播论纲》(山东人民出版社出版)，钱家渝《视觉心理学——视觉形式的思维与传播》(学林出版社出版)，(美)尼古拉斯·米尔佐夫《视觉文化导论》(江苏人民出版社出版)，(德)Stefan Friedrich《图像时代：视觉文化传播的理论诠释》(复旦大学出版社出版)。

在上述理论研究的基础上，学界已经开始注意媒体新技术新环境带给被称作占主导传播地位的影像传播的影响和支撑，以及在此基础上的传播和消费行为的勾连。传播学者孟建指出，在数字化构造的视觉文化传播“图景”中，我们看到了消费社会作为一个巨大的背景，将数字影像推至文化高度的前台这样的历史过程。从时间转向空间，从深度转向平面，从整体转向碎片，这一切正好契合了现代人视觉快感的要求。消费社会乃是今天视觉文化传播的真正温床，它召唤着人们进入这种文化，享受它的愉悦。

综上，现有相关研究描述现状的居多，条块研究居多，即部分直接在技术层面探讨当下传播状态，部分在基于视觉的基础上分析与影像传播本体相关的问题，部分从文化社会的角度解读视觉文化和影像传播。就学术视野的拓宽而言，目前需要从技术层面出发，以文化的视野切入影像传播、阐释技术、社会文化和传播形态之间勾连关系的研究，对相关问题进行解释，对实际传播操作有所启迪和指导。

二 基本思路及研究方案

本课题提出的缘由：对当前影像传播在消费文化的培育和作用下，之于大众的影响，做出传播学的解答，寻找新媒体环境下受众改变影像传播接受、消费方式的原因。

传播学者们早已经注意到技术对当前传播形态的影响。而这样的数字化构造的视觉文化传播形态在今天的社会，又与消费文化有着极为密切的关系，处于这样的消费社会中的视觉文化传播呈现出“浅显”与“通俗”。在这种可视化的形象狂欢中，视觉形象本身不但颠倒了各种官方文化的原则和审美标准，而且具有全民性和广泛参与性。

数字化时代的视觉文化传播不但在生产体制上发生了上述的巨大变化，在流通体制上也发生了巨大的变革。由于数字化的视觉文化传播运用了最现代化的媒介——科技平台，全球化的流通方式将比任何文化传播形态都更为突出和强烈。

新媒体环境，到底为当代受众构建了一个什么样的拟态环境，它和之前的报纸、广播、电视建造的传统环境相比，是否仅仅是媒体技术更进步的简单解释？

这样的拟态环境为受众的媒体接受行为带来怎样的变化，相关的传播流变又是如何？相关的通信机制应该作出怎样的应对？

媒体的“新”与“旧”是相对而言的。一般意义上，新媒体是相对于传统意义上的报刊、广播、电视这些大众传播媒体而言的，是指随着传播新技术的发展和传媒市场的进一步细分而产生的新型传播媒体，主要是指宽带互联网络、手机两类新媒体，而且重点是两者的增值服务这一部分，也有人把这两类媒体分别称为第四、第五媒体。有资料显示，2007年年初，全球新媒体产业平均增长率已达到20%，而中国正是最具潜力的新媒体市场之一。随着IPTV、手机电视、宽带网络电视以及户外媒体的发展，全球媒介市场和环境正在发生深刻的变化①。

中国投资咨询网发布的《2008年中国新媒体产业分析及投资咨询报告》的数据报告，2006年中国新媒体的两大组成板块移动媒体和网络媒体均实现较快增长。移动媒体总收入达到888亿元，包括手机电视、手机广播、手机短信、手机游戏、移动电视等，同比增长41.3%；网络媒体总收入为252亿元，包括网络游戏、网络广告、网络视频、博客、各种下载业务等，其中网络游戏和网络广告收入增长较快，同比分别增长62.0%和48.2%。截至2007年年初，国内在香港地区和境外上市的新媒体企业已经达到16家。中国广播影视系统已有5家上市公司，总融资达80

① http：//finance. sina. com. cn/media/wlsj/20081031/20205456408. shtml，上网时间2008年11月5日。

多亿元①。

新兴媒体操作者由此认为中国新媒体产业的市场发展空间巨大。但同时，进入新媒体行业的力量越来越多，导致市场竞争日趋激烈。随着竞争加剧，新媒体企业将呈现出两极分化的特点。少数大型新媒体企业获得了大量的投资、技术和人力优势，更加壮大。而规模小一些的新媒体企业则只能依靠更加细化的市场，在总体增长的市场中分一杯羹。据分析，未来三到五年内，新媒体将以平均每年10％－15％的用户增长率、20％－30％的应用增长率、30％以上的收益增长率发展。新媒体的出现，威胁到原有主流传播渠道的权威地位。蓬勃发展的产业态势带给逐步占据主导传播地位的影像传播什么样的发展空间及传播空间？随着数字化和互联网的兴起，手机报纸、网络电视、网络广播、个人博客、车载电视、楼宇电视等新兴媒体迅速崛起，并逐渐呈现主流化趋势。同时，很多与影像传播相关的媒体业务尚未完全纳入我国的宣传管理体制，监管缺位已带来巨大隐患。例如，我国目前对移动电视、楼宇电视尚无专门的管理规定，尽管我国的楼宇电视已经覆盖了35个城市的两万余幢大楼，而其业务的开办还处于自由状态。基于技术的支撑，甚至可利用IP电视、手机电视转播境外电视频道。当然，从信息消费的角度看，新兴媒体给普通民众提供了从未有过的获取和发出信息的权利，从传统的被动接受到主动挑选，甚至是主动应对，作出自身个性化的应对和信

① http：//finance. sina. com. cn/media/wlsj/20081031/20205456408. shtml，上网时间2008年11月5日。

息发布。但也可能导致一种后果，人人都可以参与传播，非理性、情绪化的言论得到传播的机会就会大大增多[①]。

新媒体的重要技术指标是多媒体和移动数字化，带给传统的影像传播巨大冲击。数字化生存的电视电影文本，从传播方式到文本的解读方式都开始变化。而任何一种文本在技术基础上都可以以网络为渠道得以更大范围的传播。网际协议 IPV4 到 IPV6 的过渡便是基础之一。IPV6 是新一代网际协议，采用 128 bit 地址长度，扩大了地址空间，一劳永逸地解决了地址短缺问题。同时它还为主机接口提供不同类型的地址配置，如全球地址、全球单播地址、多播地址、任播地址等，为网络用户进入新媒体提供更加安全和便捷的技术基础。Web2.0 是 2003 年之后互联网的热门概念之一，是相对 Web1.0 的新的一类互联网应用的统称。Web1.0 的主要特点在于用户通过浏览器获取信息，Web2.0 则更注重用户的交互作用，用户既是网站内容的消费者（浏览者），也是网站内容的制造者。

基于此，新媒体环境下的影像传播与传统媒体时期的图像、照片、广告符号电影、电视文本等的传播形态完全不同。重点在于大众不仅接受影像，同时可以在新媒体技术的支持下及时参与到传播中，改变或者重新构造影像文本，并与更多的人分享。播客便是例证之一。Podcast，译为“播客”。它是数字广播技术的一种，出现初期借助一个叫“iPodder”的软件与一些便携播放器相结合而实

① http://finance.sina.com.cn/media/wlsj/20081031/20205456408.shtml，上网时间 2008 年 11 月 5 日。

现。Podcasting 录制的是网络广播或类似的网络声讯节目，网友可将网上的广播节目下载到自己的 iPod、MP3 播放器或其他便携式数码声讯播放器中随身收听，不必端坐电脑前，也不必实时收听，享受随时随地的自由，可以自己制作声音节目，并将其上传到网上与广大网友分享。像博客颠覆了被动接受文字信息的方式一样，播客颠覆了被动收听广播的方式，使听众成为主动参与者。与传统的广播、网络电台相比，在内容的传播方式上，播客更具先进性。首先，广播和网络电台都是一对多的传播，一个节目源在中心，许多人接收。而播客传播中，听众们是自动下载音频文件；其次，接收者也可同时拥有节目的源数据，如节目日期、节目标题、节目描述等。同时，和传统广播相比，播客最大优点在于平等性。多数国家的广播频谱是被严格控制的，个人很难或者根本无法获得广播许可证。播客让每个人都有机会轻易在世界范围内传播信息。

在新媒体环境下，视频，成为一种生活方式。传统的媒体让个体影像成为视觉的消费对象，大众经历视觉消费，进入媒体为大众营造的模拟生活场景，继而建构自身对于生活的期许。视觉的影像消费被看做是大众寻求身份认同中的重要方式之一，例如电影文本、电视剧文本对于大众生活的潜在引导。在新技术的支持下，消费取向被数位化趋势牵引。其一，受众需要更高品质的传播图像在移动中传输。人们获得信息的能力和范围不断扩大，传播行为也集中表现出分众性、随身性、离散性、实时性、交互性等特点。其二，基于技术的更大空间的视觉刺激。除去传统的电影电视文本画面改进，集中视觉、听觉因素的立体视觉消费文化成为当下影像传播的重要手段之一。其三，互动的需求。数字电视的根本在于改变了旧的传播方式，大众不再是看电视，而是用电视，即将电视看做一种终端，选取自身习惯的方式使用媒体、消费媒体。其四，从以往的结点式线性传播过渡到环状的传播态势。在改变接受影像的消费过程中，受众开始以反馈行为表达个体的身份期许，寻找文化认同范围，重新定位和不断调整个体的行为和对自身意识的肯定。其五，技术发展使得网络的虚拟化生存得以实现，网上身份交错的影像反映和生存状态带给大众的已经远远超越传播活动信息接受本身。这种以现实身份为交换代价的传播消费行为，以其规避现实的可能和传统身份的迷失为特征，逐渐进入大众的消费生活。

本书的研究将从以上理论基准出发，对影像传播在消费文化行为中的微观现象和宏观环境进行描述和解释，对不同形态的影像传播现象进行理论梳理，同时选取具有新技术传播特征和文化意义的影像传播行为作为个体文本分析。

三　本研究的实际意义和理论意义

1. 针对新媒体环境下的影像传播分析，对传播环节出现的变化给予理论阐释，对实际操作层面的问题和业界的困惑给予指导性意见。

2. 面对新兴媒体的蓬勃发展，将狭隘化的旧“影像传播”拓展为新的“影像传播”，突破传统意义上对于视觉、影像的本体化传播学研究，注入文化的、技术的、新的学术活力。

3. 视觉文化和消费行为早就被学界关注，新兴媒体技术为传播行为带来的巨大推动力毋庸置疑。新媒体环境下的影像传播，继承传统的部分和颠覆传统的部分，合二为一，将是一种考察当下传媒文化的全新学术视角。

四 预计突破难题及创新之处

1. 打破之前媒介技术、媒介文化和影像传播之间的单一个体逻辑连接的研究范式。

2. 从媒介融合的宏观角度看待技术的更新、影像传播的态势变化，以动态的研究代替传统简单以媒介形态区别传播行为之理论框架下的影像传播论。

3. 影像传播和消费文化是媒介文化研究的重要部分，而新媒体技术所带来的媒介文化消费方式变化与文化身份冲突，传者和受众的融合、身份特征的改变，媒介消费带来的个体身份发现和聚合等，均为媒介文化的研究发展提供新的解读。

五 研究方法

1. 理论分析与案例研究相结合，既研究批判理论的演进，又研究具体传播现象的实际。

2. 注重现实分析和逻辑分析的结合。

第一章 新媒体环境

第一节　媒介融合

一、形态融合　边界模糊

从1990年初开始，传播学者一直在预言，在下一个10年中，所谓的信息高速公路网络将通过某种正如未来学家乔治·杰尔德（Jorge Schement）所称的电信电脑——一种将电脑、电信和个人终端的特性混合起来的装置，给几乎每一个人带来一个能提供交互信息、娱乐、购物和其他个人服务不断扩张的世界。或者，录像将取代文字和口语成为传播中讯息的主要传递者，人们将通过某种先进的虚拟现实的形式去经历各种事件，而不是仅仅依赖传统意义的观看、收听和阅读。

这个预言在当下早已成为社会个体接触媒介的重要方式。数字式的语言是这场革命的中间力量和变革的主要催化剂。它超越以前人类运用的任何一种媒介语言，以巨大力量改变现存一切形式的传播媒介并且传播创造出崭新的形式。加工和交换信息的方式发生深刻变化，新闻、信息和商业每天都以不断膨胀的电子脉冲洪流打破和跨越各式政治经济边界。

新媒体环境已是当下讨论传播现象不可回避的技术背景和文化范畴。以网络通信技术为代表的数字技术以全时空、超媒体的特征实现图像、音频、视频等多媒体文件的整合，并提供上网、电话会议和电子商务等多种信息服务。从某种意义上讲，现代传媒或新媒体环境是科技创新的产物。传播技术的进步和发展为全数字化媒体创造可能，也引领媒体进入数字时代。

对于新媒体或新媒体环境，学界业界在以下几个范畴内进行审视。

其一，媒介形态变迁。

大多数媒介研究者认同，“新的媒体环境”是指进入 21 世纪后，在传统的报纸杂志、广播电视等媒体仍占据较为重要地位的同时，新的传播载体如移动网络等基于新兴数字技术新兴媒体快速发展情况下的媒体环境。

而“新媒体”，更大程度上是一个在时间界定上不定性即时的概念，即在时间和空间上处于不断变化状态。媒体发展的四个阶段中，从人际传播的口头流传到文字出现，从大众传播时代兴起之电波媒体发展至数字技术支撑的互动网络，每一次都是沟通信道技术和回馈意义的革命性进步，而媒介形态的分类以及传播内容变异也都是建立在此基础上的。因此，从形态发展和传播内容明确硬性分割的角度看，“新媒体”的形态界定是模糊的，大部分是传统媒体在某些方面的延伸，例如楼宇电视、卖场电视，其实只是电波媒体的一种变化而已，而手机报纸不过是移动通信对传统纸质媒体的重新包裹。

技术和媒体的快速结合促使在理论概念上未必全然成熟的新媒体全面崛起，即纯粹技术化的机器与传播的媒介性质逐渐交互发展。以新技术为基础的新型媒体，成为目前媒体环境中最活跃的部分，例如2006年后网络视频很快发展，意味着网络技术本身更充分的媒体化。

社会进入数字和网络时代，传媒的外延和内涵发生了深刻变化。外延变化，指从媒介的物质形态而言，数字、移动网络等新媒体区别于传统媒体，其多元化、复制性一一加入到传媒定义中。在新的媒介形态下信息传播内容丰富，容纳印刷媒体和电子媒体的文字、音频及视频；传播途径增多，有移动网络技术支持的多样接受终端使地点分散，终端多元成为可能，传播即时性日显突出，传播的方式也更为便捷，传播的辐射范围更为广阔。

内涵变化，是传受双方在传播过程中的传统二元式结构模糊化甚至解构。技术使得信息终端的双方同时得到编码和解码的权力，传者与受者边界逐渐不确定，单向传输走向新媒体的互动传递。在此基础上，传播内容和形式的线性组合向复合、交叉、非线性发展。

其二，媒介融合。

由此不难看出，新媒体环境衍生与媒介融合相伴随。新媒介预言家保罗·萨弗（Paul Saffo）认定，至少在过去5个世纪里，新思想完全渗入一种文化所必需的时间数量，一般约为30年。

他把这个称之为“30 年法则”。萨弗认为，有更多的新技术在同一时间出现，正是这些成熟技术的出乎意料的交叉冲击，创造出对人类社会生活节奏加快的强力加速。当中，交叉的冲击自身也是作为变量存在的①。媒介融合（Media Convergence）这一概念来源于美国传播学界。1983 年，在媒介形态分析的基础上，美国马萨诸塞州理工大学的伊契尔·索勒·普尔（Ithielde Sola Pool）提出“传播形态融合”的概念②。这与以上分析的技术变革带来的媒介形态相互侵入、相为依托的传播现状吻合。传统媒介介质已无法明确在一次确定性的传播过程中剥离，就技术层面和传播交互来说，媒介融合成为新兴传播载体，同时也是传播之内容。媒介融合，是媒介业务形态的融合和媒介内容的多媒体化。它不仅要求从业者技能跨媒体化，还要根据多媒体内容采集与生产的需要，同时对现有媒体进行生产流程的改造，重新进行内部的分工，以达到最终形成整合了所有媒体的“大媒体”（mega media）的操作目标。

自 20 世纪 80 年代以来，在信息技术的驱动下，不同产业纷纷突破彼此泾渭分明的界限，不同技术、业务和市场出现多方位渗透、融合和交叉。数字技术使得报纸、广播、有线电视、无线电视、电信等媒介的边界变得愈发模糊，形成混业经营的状态。印刷、音频、视频、互动性数字媒体之间以及有线无线之间，各

---

① 自变量（dependent variable），即原因。因变量（independent）即结果，解释的现象。

② 徐沁：《媒介融合：新闻传播业的新趋势》，载《东南传播》2008 年第 6 期。

种媒介呈现出多功能一体化趋势。由此而来的横向融合也带来媒介生产价值链中的各个价值单元的角色、功能的重塑①。

二、传媒消费主义背景

在我国，市场经济带来的媒介解放和消费行为为媒介的产业生存和整合提供政策机制的强大支撑。从1978年改革开放以来，中国发生了巨大的变化。由以阶级斗争为纲转向以经济建设为中心，并从计划经济转向社会主义市场经济。在经济学意义上说，社会主义市场经济是一种市场化的资源配置方式；在哲学意义上说，它是一种人的存在方式的转变，意味着人们的整个政治经济生活以及文化精神生活都发生根本性的变化，相应地，也带来了社会思潮的变化。首先应该看到，当前中国，人们的生活发生了以下几个方面的重大变化：一是社会结构的变化，即社会转型带来的体制和结构的变化；二是在新的体制下，社会政治经济生活方面的变化；三是人们思想观念的变化。市场经济实际上是以市场化的资源配置的方式在改变和规范人的新型的存在方式，而这种人的存在方式的变化导致了整个社会思潮的变化，因为从计划经济到社会主义市场经济，社会结构的巨大变迁势必会渐渐改变人的思想和生活世界。在从自然经济向商品经济、计划经济向市场经济的转变过程中，政治经济以及社会其他各个领域的活动都发生根本性变化。在非市场经济社会中，社会秩序的生产和调节

① 王松茂、姚永春：《融合趋势中的媒介产业盈利创新：价值链的视角》，载《新闻与传播评论》（2008年卷），武汉出版社。

基本上依赖政治活动，而非直接的经济活动。但在市场经济条件下，分工的生产交换，造成的人们之间以物为中介的依赖关系普遍化，构成一种新的社会秩序的生产方式，即经济生活塑造社会秩序的力量加大加强，以前政治活动在社会秩序生产过程中的垄断地位不复存在，以政治活动的目标和标准去限定规范其他领域活动的唯一性也开始消减。各个领域只以自己的目标确定活动方式，相对于非市场经济条件下的领域合一状况（即政治经济文化等领域的活动均直接被政治约束和指导），各领域相对分离、相互制约，但相对独立①。

根据马克思的观点，从人与人、人与社会的关系来看，全部人类历史可以划分为三大形态：一是人对人的依赖时期，自然的社会形态；二是人对物的依赖时期，经济的社会形态；三是自由个性时期，自主的社会形态。自然经济造成人对人的依附性的存在，例如农民必然具有一种非常强烈的土地意识，而依附于土地，就必然依附于地主。与之相对，市场经济带来一种以物的依赖性为基础的人的独立性，在市场经济中，个体从依附性的土地意识转变为一种独立的职业意识。相应地，也形成了市场经济的三个基本原则：功利主义的价值取向、工具理性的思维取向、民主法制的政治取向，这些都是与以往大相径庭的个体伦理价值、思维方式和社会机制的变化相适应的。所以，市场经济相对于自然经济而言，其巨大的历史进步意义不是简单地推进了生产力的

① 张青兰：《社会结构变迁与人格的现代转型》，载《人文杂志》2004年第2期。

发展，而是全面地改变了每个人的存在方式。新的社会经济体制，塑造着新型人格结构和人格精神，同时也是社会变迁影响人的心理，形成新的价值观和新的生活态度、方式的过程。

市场经济消解了两极对立模式。在计划经济的条件下，由于政治经济上的自上至下指令性体制，社会各个领域的活动没有选择的标准，全都受到政治生活的直接管束。它必然造成这样一种后果：两极对立，非此即彼。改革开放后，政治上从以阶级斗争为纲转向以经济建设为中心，经济上开始允许多种经济形式的并存，文化上由对峙走向融合，思想上从两极走向了中介。两极对立模式消解的过程中，当代中国社会思潮发生最深刻的变化。大众文化的兴起消解着精英文化的权威，消费革命拉开序幕。中国改革开放二十多年来，随着生产、经营、组织、管理和消费各个方面的深刻变革，不同文化层次、不同年龄阶段的消费者，投入到了前所未有的生产、消费观念的巨大变革中，从购车买房到投资教育，从衣食住行到审美娱乐，从补充物质产品到满足精神需求，从需要到欲求，社会心理和个体潜意识在消费主义的观念疆域中渐渐扩张，在心理快感的满足中，消费已经超越其作为人类生存手段的功能，进而成为人生存的目的，甚至是寻找社会意义和个体身份认同的必要桥梁，扮演衡量个人价值的角色。作为与当前社会变革息息相关的一种社会观念和社会心理，消费主义思潮在政治经济生活乃至人的生存生活方式的变迁中起着非常重要的作用。

计划经济转向市场经济的改革，通过社会资源配置方式，所有制结构和产业结构各方面改变、调整和升级，推进了中国社会经济的飞速发展。经济发展的背后，是普通人们思维、行为习惯的变化和更新。从前生活在计划经济体制下的中国百姓已经习惯以市场连接生产和消费的生活方式，改革开放后的思想解放运动也使得人们获得了独立的精神人格。从经济层面讲，告别计划经济，生活水平提高，让人们获得在市场经济体制下的消费能力和经济基础；从政治层面说，进入大众化社会环境后，自上而下的精神禁锢的消除，尊重个体观念的普及，为百姓享受生活、消费生活和表达生活愿望、要求准备精神前提。消费，逐渐成为人们生活中的重要话题和方式，不论是市场上的物质产品，还是获取信息知识、寻求娱乐轻松的精神食粮，都变成了人们的消费对象，事实上，经济上的跨越带来了观念的革命。

人们收入增长，消费能力增强，消费格局开始多元，需求也开始分流。除去经济增长的重要原因，这还与市场经济体制改革带来的社会结构的分化变迁密不可分。市场经济的进程在社会结构层面使中国从总体性社会向分化性社会转化①。社会结构由单一转向多元。与计划经济对应的是，新的经济结构催生出新的社会阶层。多元的结构，打破以前政治意义上工农兵学商的简单阶层划分，依据社会人员所属的行业、所从事的工作类别以及所依附的经济实体性质，将当代中国社会的各个阶层进行划分，比如社会管理者阶层、经理人员阶层、私营企业主等等。新的社会阶层身份的明确，使得以前较一致的社会信息需求出现了分化与多

① 孙立平、王汉生等：《改革以来中国社会结构的变迁》，载《中国社会科学》1994年第2期。

元的趋势，以前被政治话语规范的统一需求和对任何事件一致不二的反应之格局彻底瓦解。群体的多元与分化必然带来大众兴趣和信息需求的多样性，不同身份、地位、性别、地域等群体或个体差异造成的信息选择差异开始凸现，就在20世纪90年代后期，中国媒介已经感受到了分众的压力，走多样化、细分化道路成为必须迈出的一步，这与市场化进程也是同步的。经济的发展使群众的消费能力迅速提升，消费需求差异增大，消费者需要更有针对性甚至是个性化的服务和产品。传媒市场的重心由“媒体中心”转向“受众中心”，受众的平等参与和双向交流要求愈加强烈，发出这样要求呼声的又是分化的不统一的受众群。

与此相应，对媒介和媒介信息服务和节目制作也就提出了更多的专业性要求。面向市场的媒介，要在竞争中求胜，必须适应并把握这种需求变化，在细分化市场中求得较高市场份额的占有率，从大众传媒中分化出部分小众化、窄播化的传媒。20世纪90年代至今，IT专业报、白领休闲报、财经专业报兴起，广播电视业专业化潮流涌动，央视体育频道、文艺频道和经济频道广受欢迎，各地有线频道的多频道优势也为电视专业化道路打好了基础。对受众而言，得到了更加丰富多彩的信息，有了更多的选择余地；对面向市场的媒体而言，是生存发展的必由之路。这时广告商向媒介投放广告更看重针对性，力图准确找到与自己目标消费者相当吻合的节目受众群，而不是仅仅看重节目整体受众的占有率。

当市场作为中介，把媒体和受众连接起来的时候，媒体面对的是受众的市场选择，受众需要的是媒体带给他们的消费。消费这两个字，让我国曾经处于政治一元化语境下、由高到低被动接受局面中的受众得到了媒体市场上平等的尊重和对待。如同在其他商品市场上一样，受众可以有权挑选、评判，可以任意表达喜好和排斥，甚至可以抵抗和不满。如果说，有形商品的买卖是一个使用价值和交换价值平等交换、各取所需的过程，精神产品——信息的交换，在某种程度上，也是一种交换，是意识形态中意义的交换；如果说，有形商品的交换，是二者价值的比拼，那么信息产品的意义交换，也是一个意义的争斗过程。通过意义上的交换和争斗，受众得到享用媒介产品的消费满足。

第二节 新媒体技术

一、传播均衡性和媒介整合

在强大的政策体制支持和观念变迁的环境下，媒介操作层面，整合趋势日益显现。整合进程正在搜索、即时通信、Blog、TAG 等技术和应用模式的推动下加速前进，基于搜索、即时通信（IM）、博客等的新门户模式开始显现，门户模式正在转型。在内容、搜索、应用纷纷称王之后，整合开始踏上王者之路，成为下一代门户的核心要素和发展方向，成为未来很长一个时期甚至是下一个十年互联网世界新的主题。自 2005 年正式步入 Web 2.0 时代，IM、SNS、P2P 正成为互联网用户互动的主要方式，Blog、播客、桌面搜索实现了信息的分布式生产，AJAX、RSS

等工具实现了互联网应用和内容的有机整合……Web 2.0 的时代背景下，大众呼唤着更具互动性、个性化、应用和内容整合特性的新门户的诞生。

前面提到，媒介整合的基础在于专业化、效率和差异，归根结底，在于分布和个人应用。整合的趋势是必然的，这种必然性有内在的逻辑联系：其一，发展降低信息交易成本，继而提升信息转化和生产的效率；其二，由于信息转化和生产效率的提高，信息以及相关信息应用的供应量将增加。而海量信息，可能导致信息以及其他应用的稀缺度降低。这样看来，融合或整合的过程非此消彼长，更非以某种介质媒体消亡作为代价或前提的媒体更迭。而是在信息稀缺度不断变化的前提下，以传播的更精准及更大范围内的传达为终极目标的介质相互转换、相互作用的运动。

因此，融合只是一个手段而不是目的，合是为了更好地分，通过融合达到更高层次的多样化，这才是媒介融合的终极目标。在学者王菲看来，“大媒体”更多是宏观层面的产业交融形态，即传统媒体、新媒体产业和其他产业之间的交融。这种产业交融建立在传送内容、信道和接受终端逐渐统一同质基础上，传送范围日益扩大，对象随之多元；传送能力以数字技术和分布式网络为支撑，使得“任何人”在“任何地点”和“任何时候”获取“任何想要的东西”的终极目标得以实现。它不仅仅是指将不同的媒介形态“糅合”在一起，而是在融媒过程中改变传统介质的单一传播模式，由量变到质变，试图以新的编码解码范式对传播活动中的所有参与者惯习加以转换。

这一界定指出了媒介融合源于两个重要元素。其一，工具支撑：社会经济发展和数字及网络技术进步；其二，受众需求膨胀：信息传播均衡性要求迫切。

这里需要强调的是信息传播均衡性。美国明尼苏达大学学者提契诺（Ticino）等人早在1970年就提出“知识差距”假设（The Knowledge Gap Hypothesis）。他们认为，随着大众媒介承载的信息向社会体系输入的量的增加，较之于较低社会经济地位的个体，具有较高社会经济地位的人群能更快获取信息。因此，大众传媒越发达，两类人群之间的知识差距将会增大而非缩小。这个假设的研究指出，受教育程度高的人群于阅读理解能力、社会责任感、知识储备量以及社交关系、关注公共事务等方面都具备优势，加之由此而导致的经济条件差距和获知动机的强弱，故而信息传播效率优势被此类人群掌控。

1975年，多诺休（Donohue）对初期的“知识差距”假设作了某些修改，提出了一些使“知识差距”缩短的因素。他认为，如果某件事能引起社会全体成员的关注，有关这件事的知识信息有可能在传播社区内被平均吸收。信息本身受到的关注度让其传播次数增加，相关知识得以重复强化。反之，媒介不断聚焦某一事件，传播社区公众对事件的关注程度会逐次增加。理论假设，如果信息传播范围在某一统一社区内而不是非多元化社区内，则人们对其理解会更趋于一致。因此，只要控制某些相关的社会因素，“知识差距”会缩小。但是，如何控制相关的社会因素，使之对信息传播效率的最终结果施以重要甚至是绝对影响，多诺休没有给出明确答案。

德国学者巴伐得利（Bonfadelli）认同对于理解媒介信息来

说，受众教育水平高低是重要尺度这一前提。同时，他提出均衡传播中的上限效果（ceiling effect）问题，即知识的吸收量有一个极大值，受教育程度高的人已有了一定的知识积累，他不再需要或很少需要通过传播媒介来增长他关于某方面的知识；而一个知识贫乏的个体通过一段持续时期的媒介接触，却能积累起相当量的知识而赶上知识丰富者。

从均衡传播角度看，融媒给更大范围的受众提供了传播终端和时间。平民化、大众化的传播得到实现。以网络媒体为例，为网民提供平等协商和交流平台。据第 24 次中国互联网络发展状况调查统计报告显示，随着技术发展，在促进大众关注和参与社会活动方面互联网发挥着愈发重要的作用，有 81.7%的网民表示上网以后，比以前更关注社会事件，2009 年较 2008 年提升 4.8 个百分点，网络舆情日益受到政府关注，国家领导人也开始借助网络媒体与网民直接对话和沟通[①]。

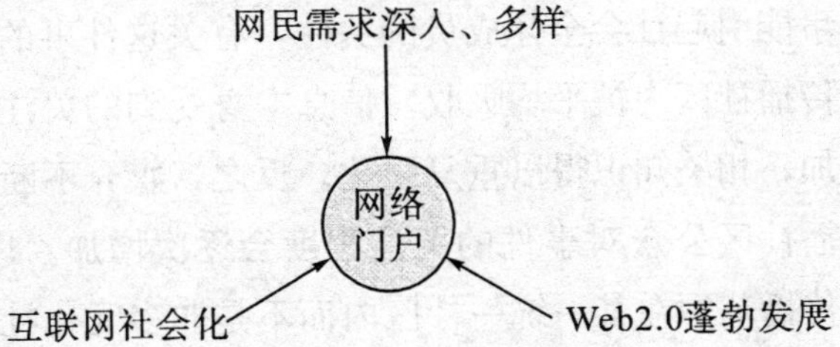

图表来源：互联网研究室[②]

① 谢新洲、杨萌、谢梦：《中国网民的网络讨论行为分析》，载《新闻与传播评论 2009 年卷》，武汉出版社。

② 互联网研究室：《整合为王：下一代门户研究报告》，www. pdffactory. com.，上网时间 2008 年 4 月 20 日。

二、基于 P2P 的下一代新媒体技术

新媒体技术是指依托数字技术、网络技术和移动通信技术而形成的传媒技术体系。

最初提出新媒体这一概念的人，被认为是美国 CBS 技术研究所所长、NTSC 电视制式[①]的发明者戈尔德·马克（P. Goldmark）。他在 1967 年发表关于开发 EVR（Electronic Video Recording）商品计划，当中第一次提到新媒体（new media）一词。1969 年美国传播政策总统特别委员会主席劳斯特（E. Rostow）在向总统提交的报告书中，也多处使用“新媒体”。由此，“新媒体”称谓在美国社会流行，并很快扩展到世界范围[②]。

在媒介融合的背景下，新媒体不再是单一的媒介新兴形态，而是融媒的具体状态，且呈现渐进的运动状态。就技术层面看，新媒体缘起数字化和移动技术的更迭发展，但并不终结在数字媒体和网络平台上，作为信息科学及媒介产品服务紧密结合的产物，新媒体呈现出“去中心化”、“互动”和“分布式”的特征。

因此，以网络 Web2.0 为基础，以 IPV4－IPV6 转换的地址分布技术为支持的新媒体为去中心化的传播模式提供了坚实的技术基础。

基础一：传播服务器更新。

“点对多”传送逐步向“点对点”传播，直至“点对点”互

---

① 彩色电视机制式的一种，即电视信号的一种标准。

② 朱强编著：《新传媒技术概论》，浙江大学出版社 2008 年版，第 275 页。

动的分布式信息传送达成，即从服务器对受众点发展到P2P，再到基于网格计算[①]的分布式传送。P2P网络是Peer－to－Peer Network的简称，是分布式系统[②]与计算机网络相结合的产物，采用对等模式工作计算机网络技术[③]。

INTEL公司将P2P定义为“通过系统间的直接交换达成计算机资源与信息共享的系统”，这里的“资源与服务”包括信息交换、处理器、缓存和磁盘空间等。IBM公司对P2P的定义更为广泛——P2P是由若干互联协作的计算机构成的系统，该系统具备如下特征：系统依存于边缘化（非中央服务器）设备的主动协作，每个成员直接与其他成员交互，而不需要服务器的参与；系统中的成员同时扮演服务器和客户端的角色；系统中的用户能够意识到彼此的存在从而构成一个虚拟或实际的群体。简单地说，P2P技术是一种用于不同PC用户之间不经过中介设备而直接交换数据或服务的技术。在P2P网络中，每个结点的地位都是相同的，可以同时作为服务使用者和服务提供者，具备了客户端和服务器双重属性。由于P2P技术的飞速发展，因特网的存储模式将

① 即Grid Computing，该计算模式是利用互联网把分散在不同地理位置的电脑组织成一个“虚拟的超级计算机”，其中每一台参与计算的计算机就是一个“节点”，而整个计算是由成千上万个“节点”组成的“一张网格”，所以这种计算方式叫网格计算。这样组织起来的“虚拟的超级计算机”有两个优势，一个是数据处理能力强；另一个是能充分利用网上的闲置处理能力。

② 分布式软件系统（Distributed Software Systems）是支持分布式处理的软件系统，是在由通信网络互联的多处理机体系结构上执行任务的系统。它们在逻辑上属于同一系统，但在物理结构上是分布式的。

③ 1999年，美国大学生肖恩·范宁（Shawn Fanning）开发了世界上第一个应用性P2P软件Napster，用于分享免费的mp3资源。

由目前的“内容位于中心”（C/S 服务模式）转变为“内容边缘化”（peer－to－peer）模式，改变 Internet 现在以大网站为中心的状态，重返“非中心化”，其结构如下图：

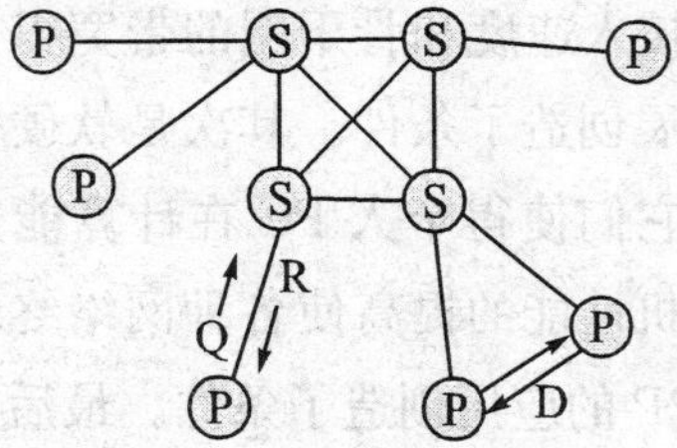

P：peer；S：server；Q：querv；R：response；D：file download.[①]

因特网最基本的 TCP/IP 协议并没有客户机和服务器的概念，所有的设备都是通信平等的一端，同时具有服务器和客户机的功能，因此我们说 P2P 技术并不是新概念。P2P 技术的思想在计算机网络诞生的早期已经存在，不过受早期计算机性能、资源等因素的限制，大多数连接到因特网上的普通用户并没有能力提供网络服务，从而逐步形成了以少数具有较高处理能力但非常昂贵的服务器为中心的客户机/服务器（C/S）架构。在客户机/服务器架构下，对客户机的要求非常少，因而可以使用户以非常低廉的成本方便地连接到因特网，推动因特网的快速普及。万维网风靡一时，正是这一应用潮流的体现。P2P 技术再次引起学术界及商界的重视，主要有以下两大因素的影响。一是用户的需求。随着因特网的逐渐普及并深入到人们的日常生活，人们需要更直接、

① 裴国庆、彭月英、杨立志、苗丽、张卫：《P2P 技术》，载《大众科技》2009 年第 5 期。

更广泛的信息交流以实现更多的资源和服务共享。二是技术发展。首先是网络技术的发展，网络技术一方面促进 Internet 在全世界的普及，使越来越多的用户可以实现与 Internet 的连接，一方面又使 Internet 接入速度和骨干网的带宽得以大幅度提高，为各种网络应用的发展创造了条件。其次是软硬件技术（特别是芯片技术）的发展，它们使得个人 PC 在计算能力和存储能力上有了极大提高，计算机性能的提高使各种网络终端具备了一定的网络服务能力，为 P2P 的应用创造了条件。最后是集中式网络模式所造成的带宽瓶颈以及网络稳定性等方面的问题，这些都迫使人们开始寻求一些新的网络应用模式，如下图：

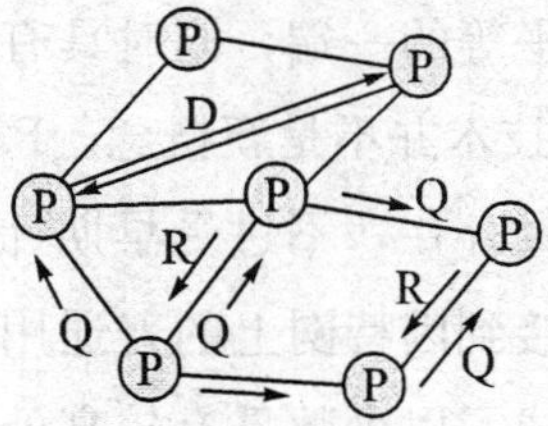

P：peer；Q：querv；R：response；D：file download. ①

P2P 技术就是在这样的背景下产生，并由一名美国大学生编写的 Napster 将 P2P 技术重新带回到了网络世界。

Napster 将其软件成功运用在点对点对等传播的音频下载业务上面。由此推广开来的网络应用迅速发展起来。目前网络上广泛使用的 P2P 应用主要分为 4 类：（1）P2P 文件下载。P2P 文件

---

① 裴国庆、彭月英、杨立志、苗丽、张卫：《P2P 技术》，载《大众科技》2009 年第 5 期。

下载通过在不同用户间直接进行文件交换达到文件共享的目的。这种方式较之传统C/S模式从公共服务器系统下载文件的方式具有速度快、资源丰富等优势。实际应用项目有：Napster、KaZa-ABT、DuDu、迅雷等。（2）P2P在视频直播中的应用。实际应用有：CCIPTV，华中科技大学开发提供的PPLive等。目前在传统电视的网络直播或者网络电视中应用广泛。（3）P2P在VOIP中的应用。典型应用如Skype等，即远程经由计算机使电信信道的即时通讯得以达成。（4）P2P在其他领域的应用。ICQ、MSN和QQ类的即时通讯应用，INFRASEARSH、POINTERA类数据搜索及查询软件NETBATCH类协同计算应用，GROOVE类数据或行动协同应用及在线游戏类应用。另外P2P与其他领域有着紧密融合，主要是无线网络和网格计算[①]。

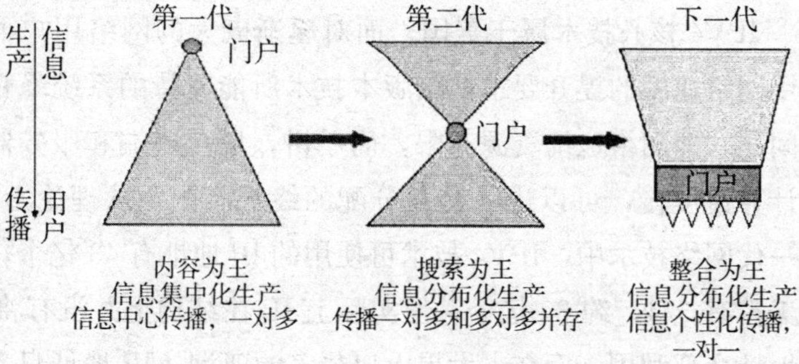

资料来源：互联网研究室[②]

① 裴国庆、彭月英、杨立志、苗丽、张卫：《P2P技术》，载《大众科技》2009年第5期。

② 互联网研究室：《整合为王：下一代门户研究报告》，www. pdffactory. com.，上网时间2008年4月20日。

基础二：网络地址分布技术更新。

IPV6的地址分布技术让受众在信息传播中解码能力得以加强。

作为支持下一代网络技术的IPV6，诞生于20世纪90年代中期，IETF（互联网工程任务组，Internet Engineering Task Force）制定这一标准的目的就是为了取代已经确立20年的IPV4技术标准。IPV6（Internet Protocol Version 6），其中Internet Protocol“互联网协议”。IPV6是IETF设计的用于替代现行版本IP协议（IPV4）的下一代网络IP协议，是下一代互联网技术的核心。目前的全球因特网所采用的协议是TCP/IP协议。IP是TCP/IP协议中网络层的协议，是TCP/IP协议的核心协议①。目前IP协议的版本号是第4版（简称为IPV4），其技术升级版本即IPV6。IPV4核心技术属于美国。面对逐渐庞大的网络用户群以及应用网络速度的提升要求，该版本技术所能支持的系统暴露出最大问题，即网络地址资源有限，简单讲，用户终端和服务器的交换计算速度慢，可以进入交互分配的终端有限。从理论上讲，在第一代网络技术中，IPV4技术可使用的IP地址有43亿个，其中北美占有3/4，约30亿个，但实际上IP在结构上并没有将43亿个地址全部利用。而在占世界人口最多的亚洲，IP地址只有不到4亿个，中国只有约3000多万个，只相当于美国麻省理工学院的数量。地址不足，严重地制约了除北美外其他国家互联网的应

① 互联网协议中，TCP为传输控制协议，具备定向连接和纠错处理功能，确认连接后开始传输。其数据段通过IP传输，故与IP并列成为TCP/IP的核心协议。

用和发展。随着电子技术及网络技术的发展，计算机网络将进入人们的日常生活，可能身边的每一样东西都需要联入全球因特网。如果说IPV4实现的只是人机对话，而IPV6则扩展到任意事物之间的对话，它不仅可以为人类服务，还将服务于众多硬件设备，如家用电器、传感器、远程照相机、汽车等，它将是无时不在、无处不在地深入社会每个角落的真正的宽带网，同时它所带来的网络经济效益将非常巨大。

三、新媒体特征

基于以上技术基础，新媒体以其高度互动性、个体性和感知方式的多样性，超越之前任一传统媒体。

超媒体

超媒体性指在多种媒体中非线性地组织和呈现信息。意即信息的存储、组织、管理和被浏览都摆脱传统线性逻辑计算关系。受众对于相关信息文本的解读不再需要按照既定顺序进行，“超链接”成为受众掌控信息阅读的主要手段。随着计算机芯片微型化和网络融合，手机、数字电视等装有微型计算机芯片的新媒体也可以同电脑一样联至互联网，成为与无线网络相连的接收终端，超媒体服务将成为未来新媒体提供的基本服务。

高度共享和交互对等网络服务技术引导计算机从集中控制式向分布式偏移。以前系统运行赖以维持的中央服务器向网络分布的边缘和终端布散，所有网络节点都成为自身信息发布的服务器和运算器，自产自销，达到技术上的对等传送。基于此，高度的共享性和交互性是传统媒体无法比拟的。首先，实现真正意义的双向传播。发布和接收终端在技术上享有平等的机械优势和能力。第二，在信息传播过程中传统意义受众变异。由于受众在接收终端可享有对等传播能力和权利，传统意义的受众已成为自传播者，是创造新一轮传播的首发。

去地域化

新媒体利用移动和交互的技术彻底打破地理限制。无线网络的发展使新媒体挣脱有线网络的限制，任意地点、任意时间、任意终端，接收信息成为可能。同时，新媒体极大程度节约传统媒体跨地域传播的时间，甚至实现信息传递的“零时间”，即即时传播。

个性化

在 P2P 技术的支持下，信息传播过程被每一个节点后面的受众不断改变和创造，进入每一个不同节点全新的传送系统中。新媒体环境下，信息终端均以固定地址作为代表，IP 地址、E－MAIL、MOBILE、QQ 等等。任意节点或者信息传播者都可以针对不同个体的一个点或者多个点制定特定信息和服务。而接收终端也可根据自身需求选择、检索和订制信息，大众传播逐渐转向分众传播或“窄播”。

在这个意义上，每个节点都是一个个体门户，传播、接受信息。

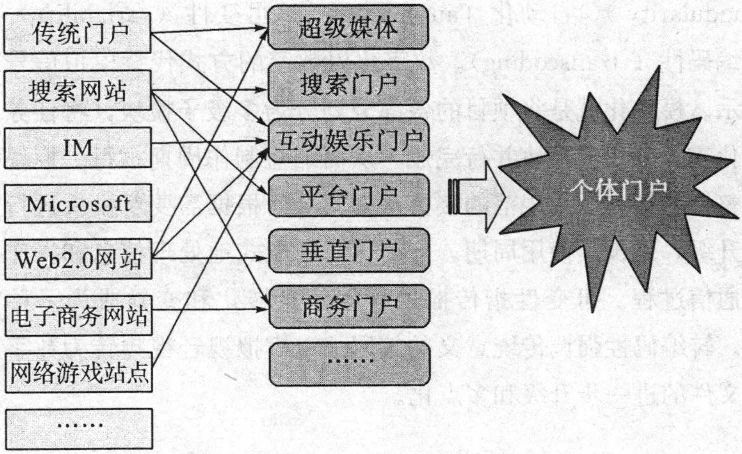

资料来源：互联网研究室①

综上，新媒体或者新媒体环境目前并没有确定的界定。就介质来说，新媒体指 20 世纪后期在信息科学技术发生巨大变革的前提下，在传播领域出现的新型媒体，区别于从前在一定时间内具备相对稳定传播形态和介质的媒体，融合视频、音频和文字媒介，其技术支撑为移动数字技术，其传播方式为即时和移动，其信息传播过程以交互式和个性化为特点。就外延而言，新媒体包括网络媒体，即传统有线网络、移动无线网络和多媒体构成的户外媒体及互动平台。

列维·曼诺维奇（Lev Manovich）曾经从数字技术的层面提出新媒体的特征：数字化（numberical representation）、模块化

① 互联网研究室：《整合为王：下一代门户研究报告》，www. pdffactory. com.，上网时间 2008 年 4 月 20 日。

(modularity)、自动化（automation)、可变性（variability）和转编码性（ transcoding)。数字化以数字的方式代替模拟信号的展示。模块化就是将项目的各部分划分为多级子模块，将任务由整化零，分成各模块并行完成，从而缩短制作周期；每一模块自成整体，拥有统一规范的接口，方便今后根据需要对模块进行局部升级，延长其使用周期。自动化即智能式地处理信息和操作传播通信过程。可变性指传播过程的信息转化和变异成为一种常态。转编码性强调传统意义的编码——模拟视音视频转为数字压缩文件的进一步升级和多点化。

第三节　虚拟现实

一、虚拟现实技术概况

最前沿新媒体技术于当下的影像传播实现便是虚拟现实(virtual reality)，简称VR技术，由美国VPL公司创建人、计算机科学家、作曲家、艺术家兼作家加隆·雷尼尔（Joaron Lanier)在20世纪80年代初提出，也称为灵境技术或人工环境。它是20世纪末发展起来的由应用驱动的涉及众多学科的高新实用技术，是在计算机图形学、计算机仿真技术、人机接口技术、多媒体技术以及传感器技术的基础上发展起来的一门交叉技术。它利用计算机生成一种模拟环境，并通过多种传感设备使用户沉浸到该环境中去。

虚拟现实的发展从 1962 年 Morton Heilig 发明了实感全景仿真机开始。1965 年，27 岁的美国高级研究规划署（ARPA）信息处理技术处主任伊凡·苏泽兰（ Ivan Suthefland）在其论文《终极显示》“The Ultimate Display”中首次提出包括具有交互图形显示、其反馈设备以及声音提示的虚拟现实系统的基本思想，提出使计算机显示屏成为观察客观世界窗口的设想。同时，伊凡·苏泽兰研制了头盔式图形显示器。这是目前大家公认的虚拟现实技术研究的开端。1992 年，在法国召开了与 VR 技术相关的名为“真实与虚拟世界的界面”的国际会议。1993 年，美国科学家 Grigore C. Burdea 和法国科学家 Philippe Coitfet 在世界电子国际年会上发表了“Virtual Reality System and Application”一文，第二年两人在纽约合作出版了《模拟识实技术》一书，提出了虚拟现实的三“I”特征：Immersion（沉浸）、Interaction（交互）、Imagination（构想），即所谓的虚拟现实三角形①。

虚拟现实技术，是将现实世界尚未存在或远距离存在的事物和环境，通过各种技术虚拟制造出来，让终端用户感觉到如身临其境，从而使得用户在触觉、听觉和视觉上产生一种沉浸于虚拟环境的感受。从技术层面讲，虚拟现实技术是利用三维图形生成、多传感交互及高分辨显示等计算机技术生成三维逼真的虚拟环境，给予受众或用户特殊设备，例如让使用者戴上特殊的头盔、数据手套等传感设备，或利用键盘、鼠标等输入设备进入虚

---

① 王喆：《浅谈虚拟现实技术在实训中的应用》，载《邢台职业技术学院学报》2009 年第 2 期。

拟空间，成为虚拟环境的一员，进行实时交互，感知和操作虚拟世界中的各种对象，从而获得与使用传统媒体接触信息和环境迥异的感受和体验。从学科门类看，虚拟现实是一门集成了人与机械传感技术及信息处理技术等应用技术的新兴学科。其核心是由计算机生成的一些交互式三维环境组成。这些环境融合真实情景和通过想象构建的模型于一体，通过人工合成来表示和传达信息。基于虚拟现实技术，再复杂抽象的系统概念也可以通过具有确切含义的符号以某种方式来表示。虚拟现实系统主要由检测模块、反馈模块、传感器模块、控制模块、建模模块和3D模型等几部分构成。

在传播的影像层面，网络游戏、基于3D技术的电影和实景模拟都是虚拟现实技术在生活中的体现。

目前基于Web的虚拟现实技术主要有VRML技术、Java3D技术、Viewpoint技术和Cult3D技术。它经历了如下的发展阶段：V1.0— V2.0— V3.0①。每一个阶段的发展都是基于网络虚拟建模语言，或曰编程语言的进步，以此加强每个节点间交互和控制。

VRML是一种网上虚拟建模语言，通过节点进行三维描述，节点又由域和事件构成，域定义节点的属性；事件定义用户与场景之间的交互，使虚拟世界具有动感。在节点间创建通道，通过发送一个事件使一个节点控制另一个节点。VRML程序是一种ASCII码的描述程序，可采用文本编辑器（如Windows中自带的

① 指计算机编程建模语言的渐进过程，以版本形式更新发展。

记事本）或专用开发工具 VrmlPad 来编写，生成以 .wrl 为扩展名的文件，也可由能够带有生成 VRML 文件插件的图形建模工具软件（如 3DS MAX、AutoCAD）可视化生成①。

建模语言的进步直观上推动了终端用户和计算机之间的模拟交互，使实感性和真实性增强，现实、环境、虚拟三位一体。因此，从感观上讲，虚拟现实技术更多被称为虚拟环境 VE（Virtual Environment)。和传统媒介为受众提供的交流交互方式相比，虚拟现实系统旨在突破系统和用户环境之间的界限，如传统媒体介质无法回避的印刷、电波等；挣脱用传统方法表达事物的局限，如文字之于阅读能力，使终端用户不仅可以将任何想象的环境虚拟实现，并且可以在其中以感观自然的行为与这种虚拟现实进行交流。

从本质上说，虚拟现实就是一种先进的计算机用户接口，它通过给用户同时提供诸如视、听、触等各种直观而又自然的实时感知的交互手段，最大限度地方便用户的操作，从而减轻用户的负担、提高整个系统的工作效率。虚拟现实融合了许多人工智能的因素，通过机器处理，复制并且放大了所虚拟的事物环境对个人感觉的影响，最大限度实现传播学经典论述“媒介是人体的延伸”。在技术上，虚拟现实技术将一改人机之间枯燥、生硬和被动的现状，将个体放置于难辨真伪的工作或娱乐环境中②。

---

① 何博、牛群、费敏锐：《web 虚拟现实技术在远程监控系统中的研究》，载《自动化仪表》2009 年第 3 期。

② 苗欣、杨建欣、肖建海：《虚拟现实技术与大众传播》，载《广播电视信息》2006 年第 11 期。

二、基于 Web2.0 的虚拟现实传播冲击

虚拟现实技术利用计算机技术生成一个逼真的三维视觉、听觉、触觉或嗅觉等感觉世界，让用户可以从自己的视点出发，利用自然的技能和某些设备对虚拟世界客体进行浏览和交互考察。那么，从移动节点的传播来看，随着计算机互联网技术的迅速发展，几乎所有的多媒体软件都可以进入互联网，基于虚拟现实的人机界面也不例外。

基于 Web 的虚拟现实就是基于基本的多媒体 PC 硬件环境，通过网络作为转换机制，把多维基于图形、图像的数据信息转换成实时的三维可视模式，使用户通过自身的能力就能快速了解空间对象信息，从而进行虚拟的网络交互。基于 Web 的虚拟现实系统除了包含网络环境外，同样还包括一般虚拟现实系统所包含的 3 个组成部分，即用来生成虚拟场景的计算机、操作员和用来与虚拟环境交互的人机界面，网络环境可以是局域网和互联网[①]。那么，在这样的技术支持下，移动传送，沉浸交互，即时使用，甚至随时改变的新型传播模式日益称为主流，也给传统传播模式带来巨大冲击。

虚拟现实带来的冲击有：小沉浸性（Immersion），这是虚拟现实系统的核心，指使用户投入到由计算机生成的虚拟场景中的能力。用户在虚拟场景中有“置身其中”之感，隔离式使用媒

① 何博、牛群、费敏锐：《Web 虚拟现实技术在远程监控系统中的研究》，载《自动化仪表》2009 年第 3 期。

体，或者传统意义上的有对象的阅读、收听和观看成为过去。（2）交互性（Interaction），指用户与虚拟场景中各种对象相互作用的能力，它是人机和谐的关键性因素。（3）多感知性（Multi-Sensory），由于虚拟现实系统中装有视觉、听觉、触觉和动觉的传感及反应装置，因此，使用者在虚拟环境中可获得相应的多种感知，从而达到身临其境的感受。（4）构想性（Imagination），虚拟现实不仅仅是一个用户与终端的接口，更要使用户沉浸在此环境中获取新的知识，提高感性和理性认识，从而产生新的构思。基于以上特征，虚拟现实使操作者能够真正进入一个由计算机生成的交互式三维虚拟环境中，与之产生互动，进行交流。通过参与者与仿真环境的相互作用，并借助人本身对所接触事物的感知和认知能力，帮助启发参与者的思维，以全方位地获取环境所蕴含的各种空间信息和逻辑信息。通过多种感知，获得身临其境的沉浸感和人机互动的趣味性是虚拟现实的实质特征，对时空环境的现实构想是虚拟现实的最终目的①。

基于此，媒介的传播模式受到颠覆性的冲击。一直以来，无论人类身处哪一个媒介时代，媒介创造的环境改变了世界和人类自我原有的生存和发展模式，也改变了人类对世界的认知图式，使传统社会发展的根基发生某种程度的动摇。其中，媒介环境的变迁对社会范式的改变尤为重要，特别是通过媒介环境学的研究，我们发现不同的媒介总在影响着容纳的感知、情感、认知和

① 李海成：《计算机虚拟现实技术解析及其在高校教学中的应用探究》，载《技术应用》2009 年第 6 期。

价值，迫使我们扮演不同的角色，建构着我们的所见所为。无论是英尼斯（lnnis）所表述的“时空的偏向”、麦克卢汉（McLuhan，M.）在“媒介即讯息”中所呈现的“感官的偏向”，还是波兹曼（Postman）提出的“技术垄断”，都指向一个命题：媒介即控制。与此同时，媒介的控制作为无限延伸的桥梁，形成对传播路径、手段、方式的控制，也实现着某种感知和文化偏向的延伸①。

数字式的语言普及刺激起来的媒介技术汇聚，冲破传播管制和形态限制。早在20世纪80年代后期，西方学者已经开始关注新媒体的发展和数字化带来的媒介生存与社会生存重叠甚至重合的问题。在移动数字化的环境下，期望在将来的某个时候，会减弱偏离自然信息源的趋势，几乎是微乎其微的。以个人电脑为媒介的新闻服务和虚拟世界的概念广具吸引力，但像任意一项新媒体技术一样，其对个人和社会的影响力不会是中性而漠然的。日益增长的过滤机制和集中信息的能力，迎合了日益狭窄的兴趣与生活在自身创造的虚拟社区的机会相结合——因而避免了对现实世界的参与和责任，这其实是新媒体给人类社会提出的真正需要担心的课题。

媒介的汇聚并没有让传统媒体消亡，而是一个让传播的历史变位“越来越多”的过程，甚至可以说，新媒体时代进入一种传播的“混沌”状态。当代混沌理论核心概念是：在混沌系统中那些看似无关紧要的事件或轻微的初始变化，最终会导致重大事件

① 单波：《跨文化传播》，载《新闻与传播评论》（2009年卷），武汉出版社。

发生，强调系统内部任何一个元素之于整体的不确定性和不可预知性的影响力。有学者指出，对于新媒体而言，共同演进的不同介质和不断聚合的内容使得混沌理论在这里体现为典型的无政府主义，混乱和秩序是这个生命系统的两个极端，也是新媒体带来的重要问题。

新媒体环境的形成，使得传统的传播密码变异。各种具体的媒介形式如同物种一样，有其生命周期且将最终消亡，但是它们的主要特征总是传播这个大系统的一个核心组成部分。正如生物特性通过遗传密码一代一代遗传下去，媒介特征也将通过人类传播密码来体现和传承下去。在前大众传播时代，预言一直是媒体进化过程中最强有力的变革催化剂。而当中，口头语言和书面语言在人类传播体系中引发了两次巨大的变革或曰形态变化。这两种语言中的每一种都一直在重新组合并极大地扩展人类的思想方式，使得现代文明和文化成为可能。当媒介介质发生巨变时，一种新的语言方式诞生，在过去的两个世纪，工业时代和信息时代的技术已经联合为这种语言的发展和扩散作出贡献，即电脑和网络的通用语言——数字式语言。

在数字化语言的表达中，人类传播逐渐依赖最为直观的视觉解读对象。以书写语言为主的印刷文化逐步退出传播的绝对权威位置，而由位图为主的影像文化或曰视觉文化成为新媒体时代的宠儿。视觉形象是最生动的语言，图像和标识就是以视觉形象为主要手段进行信息传播的一种符号。图像和标识能集中、生动地再现事物的某一方面，表现组织及其产品的某种特征，并以特定的视觉标识吸引公众的注意力，强化公众的记忆，帮助公众在众多信息中识别出该组织及产品。美国学者阿尔温·托夫勒（Alvin Toffler）则在他的成名作《第三次浪潮》中提出了三种文盲的概念，他认为：随着社会的演进和科技的发展，人类将产生“文字文化文盲、计算机文化文盲和影像文化文盲”。文字文化文盲是农业社会的产物，而计算机文化文盲、影像文化文盲则是工业社会，特别是后工业社会的产物。在新媒体数字化的大背景下，人类传播行为中的文化解读趋向于脱离以语言为中心的理性主义形态，日益转向以形象为中心，特别是以影像为中心的感性主义形态。视觉传播，不但标志着一种文化形态的转变和形成，而且意味着人类思维范式的一种转换。

第二章
科技影像传播和景观社会

第一节 影像景观

一、视觉时代的到来

从接受信息的角度分析，人类社会生存的环境大致是由三类环境总体构成：自然环境、社会体制环境和符号环境。符号环境，即被感知的外界环境，也可以说是被传播形成的媒介环境。当下，以视觉为中心的视觉文化符号传播系统正向传统的语言文化符号传播传统提出挑战，并日益成为我们生存环境的更为重要的部分。基于视觉的影像传播行为，泛指不是由单纯纸质文字媒介和单纯听觉媒介传播信息，而由视听媒介或视觉媒介传播信息所形成的一种社会文化传播现象。视觉传播的基本含义在于视觉因素，特别是影像因素，占据了传播文化的主导地位。如前所述，在视觉的传播过程中，传播中心文化脱离了以语言为核心的理性主义形态，日益转向以形象为中心，特别是以影像为中心的感性主义形态。视觉传播，不但标志着一种文化形态的转变和形成，而且意味着人类思维范式的一种转换。

传播活动中，语言是人际交往中最基本和最重要的工具，人类社会活动一刻也离不开语言。从意义传达的角度讲，语言本身就是一种媒介。相较而言，文字是一种书面语言，即有声语言的符号形式，是辅助记录、传递、交流信息的工具，具有相对稳定的规则和方法。印刷媒体的广泛传播便是建立在书面文字较为稳固的传送法则之上的。到了大众传播兴起的阶段，广播和电视通过电波形式传送声音、文字、图像，成为一种新兴介质的电子类大众媒介。其中，广播是通过无线电波或导线传送声音供大众收听的传播工具，分为无线广播和有线广播。而电视则用电子技术作为传送图像和声音的基本通信方式。和文字及单一的声音传送比较，影像的传播将图像和声音组合起来，最符合人类感受客观事物的习惯，最容易为人们所理解和接受。例如电影将情景、声音、戏剧、动作、色彩和音乐集于一体，是一种综合性艺术。运用影像进行信息传播的优势在于：它以运动的图像表现思想，对受众具有独特的注意力的唤醒功能和集中效果。资料证明，人类感知世界的首要方式是观看，在人类获取的信息中大约有80%以上来自视觉，其他感官合起来共占不到20%[①]。人类大脑三分之一的神经是支配视觉器官的。由于视觉符号本身具有直观性、形

---

① http://www.gotoread.com/mag/3292/contribution85862.html，上网时间2008年4月3日。

象性。受众直接通过眼睛去观看和接受信息，通过感觉器官去感知看到的外部环境，在传播效果的达成方面显得尤其重要。

因此可以说，基于视觉表达的影像形象是最生动的语言。图像和标识就是以视觉形象为主要手段进行信息传播的一种符号。它们能集中、生动地再现事物的某一方面，表现组织及其产品的某种特征，并以特定的视觉标识吸引公众的注意力，强化公众的记忆，帮助公众在众多信息中识别出该组织及产品。在大众传播进入影像传播初期，即有学者认为，声音和影像，尤其是后者，约定审美，主宰公众，在人类社会生活中，几乎是不可避免的。同时指出，这一变化的根源与其说是电影电视这类大众传播媒介本身，不如说是人类从 19 世纪中叶开始的地域性和社会性流动，尤其是科学技术的发展孕育了这种新文化的传播形式。

美国华盛顿大学和明尼苏达大学的神经科学家 2006 年已经发现，接受视觉信息的大脑皮层中的第一块区域处理的并不是一个物体的真实大小，而是感知的大小。人们的眼睛只告诉人们需要看见的部分信息，其他信息是由大脑在获得眼睛传来的信息后，对环境中存在的物体进行猜测或推断，通常这些推断是非常准确的，但有时它们会导致人们被视觉上的错觉所迷惑。也正是这样的求证过程构成人类的感知特征。感知是人类认识自然界和社会的方式。正如盖姆伯（Camble）所说，感知是以特定方式选择、阐释和转译感觉数据（sensouy date）的过程，这种方式能使受众理解外界符号世界的意义。在以视觉文化传播为主导地位的文化交流中，接受者感知到的是更多的基于视觉的影像符号，通过感知赋予其不同意义，将外部世界的传播转换为接受者自身对视觉符号的解读。

从生理和心理角度讲，影像化的信息符合大众接受心理。鲁道夫·阿恩海姆（Rudolf Arnheim）在《艺术与视知觉》中提出，任何基于视觉的影像符号都具有有效解释经验的图式的能力，图式即经验的记忆，或记忆的经验；图式来自视觉，因此更为抽象的概念最初也来自于视觉。当下，视觉的影像传播趋向对社会文化更为深远的影响，具备新媒体沉浸性和虚拟性的影像，更加剧了传播接受行为的物化。影像的广告和表征传播让传统对象性审美去商品化的观念遭到强烈冲击。詹姆逊（Jameson）1985年在北京大学的系列讲演中指出，德国的古典美学家康德、席勒、黑格尔都认为心灵中美学这一部分以及审美经验是拒绝商品化的……对康德以及以后很多美学家甚至象征主义诗人来说，美、艺术的最大长处，就在于其不属于任何商业（实际的）和科学（认识论的）领域。而这一切在后现代主义中都结束了。在后现代主义中，由于广告，由于形象文化，无意识以及美学领域完全渗透了资本和资本逻辑①。

新媒体用科技改变了传播的面貌，让影像的传播渗透到人们进入社会的日常生活当中。沉浸性和虚拟性使得有对象的影像传播急速地朝着无对象的影像感受发展。受众自身的影像和传播始端的影像交叉、重叠甚至模糊。这样的过度影像化很大程度上钝化了受众的传播接受感知和判断力。周宪曾经提出视觉符号意义

① 饶德江、章俊：《现代广告视觉转向的文化批判》，载《新闻与传播评论2005年卷》，武汉出版社。

“通货膨胀”的概念。他认为，正像心理学上的知觉研究所揭示的规律一样，外部刺激越强烈，主体的期待水平就越高，而导致感知过度和神经餍足的可能性就越大。当高强度的视觉刺激到达一定程度时，观众一方面对不够刺激的视觉形象无动于衷，另一方面则又会对具有强烈视觉刺激的符号产生依赖性。这就必然导致视觉敏感性的下降，导致视觉符号意义的“通货膨胀”，亦即视觉意义的衰减和退化①。

二、哲学的影像批判

基于此，视觉影像的意义进入受众的盲点区。在传播过程中，技术至上和意义消亡成为一个悖论。技术中介、影像自身和影像传播对象的关系在当前传播中的改变到底在哪里？这就涉及一直以来形而上学的对于影像和接受意义的批判。

萨特（Jean Paul Sartre）在其1927年的著作《想象》中指出在形而上学传统中对于影像问题有三种解决方法，也可以说代表着传统哲学有关想象的三种倾向。第一种是以笛卡尔（Descartes）为代表的纯粹思维的世界（和纯粹影像世界完全隔离），笛卡尔的逻辑起点是针对经院传统把人设定为“半物质、半精神”本体的立场，提出要严格区分有机体和思维本身。思维着的主体性是由于与影像割裂才被确立，即我思，想象是心灵的一种思维方式。第二种是以休谟（David Hume）为代表的纯粹影像世

① 饶德江、章俊：《现代广告视觉转向的文化批判》，载《新闻与传播评论2005年卷》，武汉出版社。

界观点。他提出联想的概念，否定影像和思维的互相还原。他认为，影像和知觉在本质上是同一的，但在强度上是不同的。知觉是“强印象”，影像则是“弱印象”。萨特指出，在形而上学方面，应该认识到休谟的功绩。他把影像和知觉的区分确定为直接的，同时这种区分是自然而然的，并不需要求助于符号解释或比较。这种区分可以说是机械地进行：强印象自身把弱印象抛弃至实存的低级层次。但萨特认为休谟未能解决的是，这种观点并不反对检验。再加以以上性质被大大夸张了，故而知觉的稳定、丰富和明确不能够把知觉和影像区分开来[①]。第三种是以莱布尼兹（Gottfriend Wilhelm Leibniz）为代表的事实——影像世界观念。他试图消除笛卡尔观念中影像和思维的对立。莱布尼兹尝试奠定影像的表象价值，可惜他既没能清楚地描述影像和对象的关系，也没能解释作为意识的直接材料的影像实存的根源性。

萨特指出，这三种倾向中，影像都是作为统一结构的“物”，但三者在影像与思维的关系上，由于对人和世界、普遍与个别、对象和表象、灵魂与身体诸多问题所持观点相异而各有不同。这三种出路，在假设“影像是物”的情况下，应该都是可能的，但所存在的缺陷也是同样严重，而这个就在于三种倾向的批判都将影像假定于机械的纯粹的物[②]。影像不是一种知觉或减弱的感觉。影像不是过去的一种苍白的反映。影像走的是抽象化的道路；抽

① （法）让—保罗·萨特著，杜小真译《想象》，上海译文出版社 2008 年版，第 68 页。

② 同上。

象即涉及无意感性的或有意理性的思考，它走的是思维之路……影像因此是一种被再思的知觉，并且不论它还显得多么粗糙，它都被理性化了，这已经是感觉材料的理性化过程[①]。在对于纯粹的机械的影像对象看待的批判基础上，萨特认为，应该放弃在孤立影像和孤立感觉之间进行内在区分。影像是感知本身，既具备运动性也具备被唤醒性，因此它的表象是连续的和不断复苏的，从某种观点出发，我们看到它是和感知重合的。

这种哲学的批判在大众传播的电子媒介初期还显得艰涩，而当新媒体领衔的沉浸及虚拟传播冲击整个传播生态的时候，影像及被唤醒的感知成为一种清晰可见的媒介接触状态。在德语中，电视被直译为中文就是“远看”的意思，也就是传播学上主体对对象的距离式理解。个体在看电视的时候的确看到了远距离地方发生的事件新闻。就这一点来讲，电视作为一种“空间机器(space－machine)”存在，一种能让你看到空间中遥远之处的机器。这便是电视存在于大众传播初期的重要功能，该时期的“看”即是距离感十分清晰的影像传播。萨特认为在影像的存在中有两个环节：其一是肯定的，另一个是否定的。这里的肯定和否定是指涉个体对影像接受的思考范畴的问题。如果影像本身的对象感非常明确、非常强烈，这两个环节便截然不同：在第一个环节中，影像似乎是外在的，当其涉及一种声音或一种可见物，他就与我们相隔一定距离。

---

① （法）让—保罗·萨特著，杜小真译《想象》，上海译文出版社 2008 年版，第 68 页，第 81 页。

这种观点在几十年后的德波（Debord）那里得到资本关系的延伸和扩展。德波没有停留在哲学思辨的范畴解读影像和主体的关系，而是把关注点更多投向了影像背后的社会关系。德波在其成名作《景观社会》中强调，景观继承了西方哲学研究的全部缺点，亦即试图依据看（voir）的范畴来理解活动，并将自身建立在精确的技术理性的无止境发展的基础之上。德波指出的技术理性在当时还仅仅是以模拟视频为主的影像传播为支撑。他认为，真正的影像和景观没有实现哲学，而是将现实哲学化，并将每一个人的具体生活简化为一个思辨（speculatif）的世界。正如萨特所言，影像是一种活动，非一种物，是对某物的意识。

三、景观理论

德波的《景观社会》被认为是西方马克思主要哲学文化逻辑中非常重要的一个断裂。断裂的意义在于它提出一种新的分析构架解答资本主义社会的统治与受制问题。在这部成书于20世纪60年代中期的文本里，德波将马克思曾经面对的工业资本主义经济物化现实理论地抽象为由影像建构的控制模式。在马克思的政治经济学中，物质生产过程的剩余价值基础是现代资本主义原始积累的根基，而在德波的景观理论中，意识形态性的总体视觉图景代替极差地租的计算。马克思所指认的市场交换中，人与人的劳动关系体现为物与物之间的直接交换价值。德波将其再一次虚化：商业性影像表象之呈现才是市场交换的核心所指。这，就是社会景观现象。德波指出，在当代资本主义社会中，“景观是人们自始至终相互联系的主导模式”。即，景观是个体取得社会联系，获取社会身份，受到社会管理的基本范式。德波同时认同，对于景观的这种被制造性，人们也是心知肚明，可始终沉迷其中无法自拔，以致将自己本真的社会存在忘了个一干二净，只能通过被制造的景观身份赖以生存。用德波的话说，“这是一种新的分离（异化）关系。由此，马克思的经济拜物教批判转变为一种景观拜物教批判。客观地说，相对于阿多诺莫基的否定性的方法论构建而言，德波开启了通达后马克思思潮的另一条重要现实路径”①。

德波认为，在现代生产条件无所不在的社会，生活本身展现为景观（spectacle）的庞大堆聚。这种堆聚不仅是影像、景观外在量的剧增，还包括社会阶级关系的另一种转化。在他看到的景观社会中，直接存在的一切全都转化为一个表象。而景观同时将自己展现为社会自身、社会的一部分，这是表征。表征背后，即为社会阶级关系，抑或是社会统一的手段。影像堆积而成的景观作为社会某一部分时，行为和思维上的景观是全部视觉和全部意识的焦点，即被制造的视觉幻化为个体意识本身，将真伪意识悄然分离。正是由于这一领域是分离的这一真正的事实，景观才成了错觉和伪意识的领地。而它所到达的统一只不过是一种普遍分离的官方语言，分离的是从未达到的真实，统一的是官方的管理演说形式。

德波说到的官方语言在传播统治当中真实地体现为技术的改

① （法）居伊·德波著，王昭风译《景观社会》，南京大学出版社 2007 年版，第1页。

变和方式的转化。当人类为电视配上录影机、视频点播（如数字电视的互动功能）和多频道收视、播放大量非一次性的过去式的内容，电视就又成了一种时间机器（time－machine）。此时，影像的传播进入萨特提到的第二个环节。后者部分地限制在前者曾被提出的东西中。当影像感知在涉及嗅、味、痛感或区域快感时，它则位于个体的领、鼻子和肢体之中。这样，从本质上讲，影像被确定为感知，它自发地使个体相信其对象的实存。因此，“看”的视觉地位就自然被提高。以前曾是触觉或是抽象思维享有的传播中的优越地位被取代。于是，它被德波认定为最抽象的、最易于骗人的法规。视觉，最不费力地适应于现代社会的普遍抽象。对感知和影像之间进行一种机械区分的哲学的传统在德波的理论中得以进一步阶级化：景观不是影像的聚积，而是以影像为中介的人们之间的社会关系。所以，景观不能被简单地理解为一种由大众传播技术制造的视觉欺骗，在视觉的麻痹和影像的环绕下，事实上，它是已经物化了的世界观，或曰已经物化的社会生活。

因此，景观不仅仅是一个影像对象存在与被传播的问题，甚至也不仅仅是视觉加听觉的问题。德波指出，景观是对人类活动的逃避，也是对人类实践的重新考虑和修正的躲避。在这个意义上，影像的景观既是真实世界和想象世界的总体，也是方向相左的两种社会关系的综合。在真实的世界变成纯粹影像之时，纯粹影像也就成为真实的存在——这个转换行为为催眠行为，即社会控制提供直接动力。当然，此动态渗透着虚构和虚拟的事物和各类关系的暗示。从社会管理机构的角度出发，影像的景观是暗示社会个体某种观念的认定，使其不再能或不愿直接把握这一世界。各种各样专门化的媒介这时就作为景观的工具，被使用在社会个体和形成一定群体的团体当中。在此基础上，景观就是对话的反面，也就是其具备独特的重建性。景观理论中强调，哪里有独立的表象，景观就会在哪里重构自己的法则，这个法则通常由现代社会的媒介建立和强化，直到形成一种普遍意识和社会认可。

第二节 影像的科技传播

一、自发传播即之于“对话”的反抗

从传播角度看，直到信息机器（information－machines）出现与普及，媒介才达到成熟阶段。信息机器是内容和技术的结合：信息指的是内容，而机器指的是技术。电视是第一种信息机器。就这一点而言，电视和新媒体时期的个人电脑并无不同。个人电脑为一种互动式的信息机器，它容许使用者与内容以及其他使用者互动。信息是许多文化内容当中的一种，也是许多物质文化中的一种。它有别于其他的文化内容之处在于其延续性、时间性，所以说，它可以与具有不同的时间性、不同的空间延伸的其他文化实体区别开来。之前提到的“对话”，在媒介当中，便直接体现为技术和信息内容如何结合，也就是延续性和时间性如何被表达。至于影像信息，其叙事和论说规则与小说、诗歌，或者

建筑艺术及其他工艺品不同——尽管它在文化元素和设计基础当中与建筑和工艺品有很多的共同点。为了描述影像景观及其形式、功能和反对景观的各种力量，必须特别加以区别某些不可分离的因素。是否即时、能否延续，既是景观作为信息的基本属性，也是我们分析判断它的重要方法。我们分析景观却又不得不在一定程度上运用景观自己的语言，在一定意义上，我们不得不穿越景观所表达的这个社会的方法论领地，因为景观是我们特定社会经济构成的意义和记录，它同时也是我们被卷入其中的历史运动。

由影像作为语言元素的景观之社会“对话”由此在本质上显得艰难，而在形式上无处不在。视觉上，从生活的每个方面分离出来的影像群（images）汇成一条共同的河流，无法阻挡，影像群包围个体生活，而生活的统一的理性意义便不再可能被重建。毕竟，和感知重叠的影像依然不同于理性的成形的观念。它和观念的唯一差异在于：对象表述在一种情况下是模糊的，在另一种情况下则是清楚的。因此，在影像和观念之间存在着差异，这种差异几乎可以归结为数学差异：影像具有“无限”之“不透明性”，而观念则具有有限和可分析的数量的清晰性。尽管二者都是表达的①。即便摆脱现有的景观秩序，重新将他们自己编组为新的整体的、关于现实的片段的景色，也只能展现为一个纯粹静观的（contemplation）、孤立的（seule）伪世界。这一世界之影

① （法）让—保罗·萨特著，杜小真译《想象》，上海译文出版社2008年版，第4页。

像的专门化，发展成一个自主自足的影像世界，在这里，骗人者（景观的制造者，主动或被动）也被欺骗和蒙蔽。而作为生活具体颠倒的景观，总体上是非生命之物的自发运动。

自发运动在新媒体的影像传播中更为凸显。一直以来，媒介所关涉的就是远距离通信，即保持“看”的距离，媒介所解决的也就是时间的重新编辑和空间的再现以及虚拟这类问题。初期面对面的人际传播，也就是近距离通信，已经逐渐被远距离的通信所取代。传统的媒介是再现的媒介，关注的是前面说到的形成观念的传播效果，是一种清晰的陈述或表达。媒介内容很大部分是因为某种已被呈现过的事物以某种方式——多少是写实性的——被描述或再现（re－presented)。相反的，新的大众媒介与新媒介是呈现的媒介而非再现的媒介，即时无限同时模糊，影像与感知的重合乃至虚拟是其传播终极效果，机器性是影像的基本性质。思维过程中，再现本身是一个反思的过程，它需要时间，而在时间与预算的制约之下的呈现，则比再现更机器性、更像工厂产品。此外，老式的媒介需要受众主动走向文字、声音或者早期的影像，而新的媒介却以潮流般的影像主动走向个体，后者也显然更具有机器性。他们不是由交通机器来运送就是由信息机器来散播。它们的生产、散播与接收，无论用现实或是用隐喻的说法，统统都具有机器性①。

---

①（英）斯各特·拉什著，杨德睿译《信息批判》，北京大学出版社 2009 年版，第 117 页。

二、科技传播的分离

当机器性能超越再现功能，媒介传播便进入离散性质的范畴。德波认为景观的形成源于世界统一性的丧失，现代景观的巨大扩张表现了这一丧失的全部过程和结果。所有个别劳动的抽象化与整个生产的普遍抽象化，均在景观中完美地显现出来，它的具体化存在方式就是精确的抽象，越具体越分离便是更为绝对的抽象。在传播中，愈发碎片化的影像，愈是成为统一的象征，因为真正的完整还未建立即被打碎。在景观中，世界的某一部分把自己展示给世界，并且优越于整个世界。在媒介影像中，离心力最大的、延续性最脆弱的传播反而效能一流。当景观作为社会意义分离的共同语言存在，瞬时传播的影像被个体奉为即时的永恒。个体只是通过一种他们单方面的关系与真正的中心相联系，而这一中心使他们彼此之间相互隔离。因此，景观统一了分离，传播的向心力和离心力相悖也同一——以他们的分离将他们重新统一。

从整体上理解景观，它不仅是占统治地位的生产方式的结果，也是其目标。因此，影像同样不是附加于现实世界的无关紧要的装饰或补充，反而是现实社会非现实的统治核心。在景观全部特有的形式——新闻、视觉宣传、电视广告、视频娱乐表演中，影像的生存和替换成为主导性的生活模式。既然景观是对在生产领域或有生产决定的消费领域中已做出的选择的普遍肯定，那么它也是消费的砝码和符号。在内容和形式方面，媒介影像总是以现存体制条件的正面支持，以及社会发展目标之总的正当性的理由出现，并将自身的生态环境变位为这种正当性理由的永久场域，因为景观早已垄断了耗费在生产过程之外的大部分时间。

景观社会中，不可能抽象地将景观与具体的社会活动相对立，德波认为这一划分本身就是分裂的。伪造模拟现实的景观不过是这一现实的真正产物，反之，现实生活在很大程度上也被景观影像所侵蚀，并以与景观结成同盟和将其同化与吞噬为终结。到了新媒体时代，影像的传播和社会批判依然没有脱离景观理论的分析架构。新媒体的影像传播不仅在“熵”的增加值上添上浓墨重彩的一笔，于社会整合的数字化和社会意识的无差异化方面，显出不可避免的强大功能，以至于对传统的媒介工具性的终极二元论产生爆破。传播学者阿芒·马特拉（Armand Mattelart）在《传播学简史》中将传播定位为社会的整合因素。他指出，19世纪，基本的通信技术系统和自由贸易原则已经初现雏形，传播作为人类社会整合因素的概念业已浮现。因此，传播最初既是物理网络的重要问题，即工具性的存在意义，也是观念形态进步的核心要素，即整合的意识形态。到19世纪末，传播概念中开始加入管理大众的含义，或曰控制社会的内涵。基于一种社会有机体的思想，即社会是一个整体，包含多种具有预设功能的器官这种思想，最早的传播学概念开始渗透在社会的各种器官当中。

而马克·波斯特（Mark Poster）的《第二媒介时代》饶富意味地提出了这样一个吊诡的论点：第一媒介时代业已为第二媒介时代建立了媒介的基本模型，因此我们不必把当代称为第二媒介时代，它只不过是大众媒介在一个世纪以前就确立的信息原则变得具有支配地位的一个时代。一个历史阶段的强行推出意味着可能不是简单地从一种状态过渡到了另一个状态，而是意味着一种复杂化的到来，将一种结构和另一种结构加以叠合，对同一社会空间存在进行增值处理或多重处理。媒介阶段或时期并非彼此相继而是相互涵盖，不是相互置换而是补充，可能依顺序发生，抑或同时存在。大众媒介问世久矣，但是直到媒介、电脑与电子通信三者汇聚之后，媒介的性格时代才得以确立，而媒介也彻底获得技术的性格。媒介为今日世界中的信息整合和社会关系整合提供了模型、建立了范式。说得更具体一点，我们在下面将看到，先于电脑年代几十年出现的大众传播媒介早已为影像信息时代奠基了一个范式：一个直到最近才随着明确的信息技术所导致的影像普遍渗透而获得霸权地位的模型。正因如此，很多学者主张，把现代社会称为视觉社会是同样合适的甚至是更精确的说法。甚至在理论层面，在进入 21 世纪之际，社会文化理论本身越来越采取影像是形式、媒介塑造社会存在的形式。在此之前，社会与文化理论已经越来越多地涉及媒介，或者说它们必须集中媒介这个研究课题来看待社会的发展。新媒体的影像传播，使得社会理论将越来越成为与影像和视觉相同的文类，即社会和理论这二者正日益受到影像媒介范式的支配。表演性科技传播让传统的渴望沉淀的传播行为直接被拔起。

三　非线性传播致“熵”的增值

科技让影像的表演性的传播颠覆传统媒介生态下的生活范式。科技的生活形式是被拔了根的，以某种数字化的方式被拔了起来。因此，它们愈来愈少吸取任何地方的性格，即传送方的特征被模糊，也可以出现在任何地方——或者其实是不在任何地方，即接受终端无差异。这种无地方性的被拔出的空间不是特定的空间，而是一个通属（generic）的空间，它的特性是没有特性，寻求的是身份认同的阙如而不是身份认同的多重，它的语境是没有任何语境，它的差异是没有差异。一种影像可以与其他任何一个对换，无专属意义。客观现实就是景观和真实社会活动这两方面的现状。以这一方式确立的每一概念除了这一基础外，没有任何转向其对立面的通道：现实显现于景观，景观就是现实。这种彼此的异化（alienation）乃是现存社会传播的支撑与此生态下传播的本质。

影像科技的生命或生活形式是非线性的，这涉及以下几方面的问题：压缩、加速和拉长。它是压缩的信息传播。影像科技首先建立在压缩的技术上，这从它的意义单位上可以一目了然。在科技时代，诸如叙事和论说之类的线性意义单位被压缩，思考过程转化为诸如信息和通信单位之类简化的、非延伸的与非线性的图像意义形式，社会个体通过简化的信息单位来知解（sense-making）。在网络技术冲击传统媒介时，人们面对海量信息产生巨大的茫然，无从选择。而当更先进的压缩技术将更多的信息压缩至最小单位发送时，受众面对的是比信息量超载更难解决的问题：信息量已经达到人们无法对所有的信息赋予意义。被信号、消费文化的广告和同类事物持续不断地轰炸并不构成信息，它是混乱、噪音，只有当它被赋予意义时，它才变成信息。从传播学的角度讲，信息只能发生在知解者与其环境之间的接口上，或者在此方的环境的接口与彼方的知解者及与其相连的信息和通信机器接口这两个接口之间的接口之上，如果没有这个有效的接口，即便信道通畅，传播也是无效的，即熵的不断增值。

密码研究工作帮助克劳德·埃尔伍德·香农（Claude Elwood Shannon）建立了通信数学理论的假设。他提出了一个“一般通信系统”的结构，其实就是关于假设通信和传播成立的基本架构。他的观点是，通信问题是基于点与点之间信息复制效率的考量。在一个给定的点，以精确或近似的方式，复制在另一点所选定的讯息。他的线性图解中有两个极点，标志着通信的开始和终结，也就是传播中的传者和受众。通信基于两点之间，而一条由多要素构成的链组成信道：物理机制上，制造讯息的信息源（如电话中的语音）；把讯息转变为可传送信号的编码器或信号发送装置（如通过电话把语音转换为电震动）；信道，即用于传送信号的设备（如电话线）；解码器或接收器，用于把信号重新转换为讯息；信宿，即接受讯息是人或物。香农的目标是勾勒出一个数学结构，以便在被称为“噪音”的随机扰动情况下，量化系统两端传送讯息或通信的成本。噪音是不受欢迎的，因为它妨碍两极间通信信号的“同构”，或者它妨碍通信的完整性和准确性。为了降低通信过程的成本，信息的传送应该使用成本尽可能低的常规信号，或者说操作性最强、接收性能最好的信号[①]。

噪音在传播中即为熵。香农把熵这个概念引入信息的度量。1965年法国物理学家克劳修斯（Clausius）首次提出这一概念，

① （法）阿芒·马特拉、米歇尔·马特拉著，孙五三译《传播学简史》，中国人民大学出版社2008年版，第34页。

后来这一概念由 19 世纪奥地利物理学家玻茨曼正式提出。而信息论和控制论又赋予了熵更新更宽的含义。简单说，熵是一个系统的不确定性或无序的程度，系统的紊乱程度越高，熵就越大；反之，系统越有序，熵就越小。控制论创始人维纳曾说，一个系统的熵就是它的无组织程度的度量。信息的获得永远意味着熵的减少。信息与熵是互补的，或说信息就是负熵，两者互为负值。信息，是物质的属性，是物质存在的方式，是不确定性的减少。信息成为对我们在选择某条消息进行传播方面的自由程度的测量。信息量的大小，反映了我们在这个世界中的自由程度：能做什么、不能做什么都取决于信息量。在这个意义上，所谓合适的接受和解读并不是传播学客观准确还原源信息的传统概念，而是一种复杂的、相对独立的、主观的意义再造和整合的过程。

香农的老师、控制论的奠基人诺波特·维纳（Norbert Wiener）称控制论是关于支配和控制的科学，支配传播模式，控制内容及传播方向。当然，无论机器、生物体还是社会组织之间的通信，都遵循一个线性模式，它是一个随机过程，受自由选择所发送讯息的发送端和按照自己的规制接收信息的信宿之间发生的随机现象的影响，被其决定。香农的初衷未必试图解决相关社会问题，但著作一经发表，他的观点立刻被很多学科采纳。诸多学科借用香农的信息、信息发送、编码、解码、重新编码、冗余、扰动和自由选择等概念。社会科学采用了这个模式中中性的传送和接收的假设——信源、通信的始端、讯息的形式、讯息由发送器转换为信息、被编码、发送到链的另一端。香农感兴趣的是程序的逻辑。他的理论完全不涉及信号的意义，也即是说，不涉及结合受者的理解或发送方的意图。

第三节 压缩加速和"拓扑式"传播

在理论假设中，通信程序的始端和终端之间是一条直线。信道是基本的不变。这个观点影响了各个不同甚至完全对立的学派以及传播媒介的研究趋势。所有功能主义的"效果"研究都以此为假设，结构主义语言学也深受其影响。虽然越来越多的传播变量被引入这个正式的模式，媒介社会学因此变得更为复杂，但是这种从始端到终端的模式仍然长时间被奉为圭臬。变量不断被调整，但是原有模式没有根本的改变，传播一直被认为是自明的或给定的过程，这个认定在大众传播初期是与传播机器的操作成效基本吻合的。马特拉认为，香农的最终模式提供了一条把技术简化为工具的途径。但是这也把它限制于计算、计划和预测，而无法表达为任何社会理论结构。当然，其贡献也是巨大的。通信理论的数学化推动了传播学模式的转型。以第二次世界大战中发展起来的通信设备为基础的"信息"概念最终发展成为一种可计算的符号形态，并从此变成"硬通货"，在各个学科之间自由地流通。

信息必须能够沟通。信息社会只有在流通无障碍的情况下才能存在。它和任何禁令或秘密、使用信息权利的不平等或把信息作为消费品使用，都是绝对不相容的。熵的增长和进步的倒退成正比。香农的理论未能解说任何通信数学模型背后的社会进步问题，而维纳则看到熵的危险性，即稳定系统的重要性。同时也认为，对社会通信手段的严格控制同样是不可逆的可恶的反自稳态因素：系统都有自我的稳态元素，外在多余的因素对其而言是熵的增加。维纳感到遗憾的是，对社会稳定起作用的因素都不如系统本身重要，但是系统却被扔给一些只关心权力游戏和金钱的人掌控。

压缩让传播的熵增值，新媒体加速的传播使得系统的完整愈发受到威胁。从传播的时间上来看，与线性的分离涉及加速。在简单的生活形式中，媒介的传播有叙事和元叙事，时间推移的一定步幅会传导到这类的叙事和元叙事上，例如对印刷媒体的阅读和早期基于电波的收听，基本属于适于反思的步幅。而科技的生活却快到容不下反思和线性。在加速之际，文化变得日益朝生暮死。基于新媒体技术的科技的传播时间甩掉了因果律的决定性，它导致一种极端的不稳定性、极端的偶然性，导致一种无止境的不安全感，因为每一次传播是断点的，不既定的，看似完整却又极端碎片化。线性时间的这种崩解给我们带来了风险社会①。新传播带来的风险是多元价值传播带来的无归依，比如很多西方学者认为当马克思主义的线性蓝图在东欧消失时，当地出现了蹴发性的不安全。一旦因果逻辑的可预期性被甩脱了，社会个体就被丢进了不可预期的后果逻辑里。

以韦伯、马克思与迪尔凯姆的作品为经典的社会学执著于求索现代性的因素，但科技的加速却将焦点移至现代性的后果。后

① “风险社会”与传播的相关论述在报告第三部分进一步论述。

果的语言是非线性的、模块状的。传统线性传播的安定，被跳跃快速的多元切换的焦虑替代。因此，最后从结果来讲，科技的新传播便是拉长的传播。科技文化是一个网络社会，它们是拓扑学式（topological）的而非地图学式（topographical）的，它们不是凭借社会纽带本身而是社会——科技纽带带来连接的——把它们结合起来的连接是社会性的也是科技性的，网络是无机的，也是有机的，两点间的运动不是一条直线上的行走或跑，而是不规律的跳跃。其运动的特征是非线性和不连续性，它可能同时走几个方向，把事物扩散了，也可能沿着一个方向断点，无疾而终。将其称为拓扑学式的，正源于此。拓扑为数学的一支，探讨同时从两个相对的方向对一个几何图形进行连续的、相对应的改变时，该图形有哪些不变的几何属性，所以又被称为橡皮几何学①。科技文化的压缩影像，遵循的便是这样的橡皮的不确定式的行走方式和传播方式。它把传播的信息拉长了，变形，或者断掉，直至破碎。

大众媒介一向是由信息模式与散播模式所构成的：即散播媒介的内容的机器以及内容本身。媒介也是由这些机器所生产出来的内容，但内容这个概念显得有些不足。这些机器生产出来的确实是信息或是文化的小组件。叙事与绘画的画面是很明确的内容，相对的，信息却部分地逃脱了形式与内容的区分或技术与内容的区分。拉什（Scott Lash）认为，技术——内容之分确实重

① （英）斯各特·拉什著，杨德睿译《信息批判》，北京大学出版社 2009 年版，第 38 页。

复了从古典到现代哲学一直沿用不废的形式——内容之分，后者来自亚里士多德的目的因与质料因的概念，在上古的人看来，得到的传播的观念内容来自于人类对物质性的内容施加某种形式，以提供新的内容。之于当下，这想法依然正确，只不过如今塑造内容的雕刻师不是神而是技术①。

第四节　反身性批判

技术成为新媒体生态自身，即新媒体所依赖的科技在批判场域具有反身性。在法国，工程师兼数学家亚伯拉罕·莫莱斯（Abraham Moles）以香农的数学理论和维纳的分析为基础，提出了通信生态的理论。他把通信定义为，位于给定点的有机体或系统与位于另一时空点的个体或系统使用共用的知识分享经验或环境刺激的行为。对于香农的最初理论，通信生态学（an ecology of communication）是有关特定域中不同物种互动的科学，强调环境刺激对于通信效果的影响。通信类型，无论是远程的或近距离的、转瞬即逝的或录制的、触觉的或听觉的、面对面的或匿名的，实际上都是 24 小时日常生活中一个定量空间中或者地球上一个社会空间的相互反应类型。这样一个生态学超越之前理论基于通信道不变，计算其他变量的模式，始终将传播放置于相互反

① （英）斯各特·拉什著，杨德睿译《信息批判》，北京大学出版社 2009 年版，第 114 页.

应的变量中考察。当中有两个分支，第一个以个体存在为单位，关注当前或给定时间和空间中传播的互动样式，也就是给定边界内的运动。第二个是关于相互作用的人类交往系统的结构、信息领域中关系的构成、众多讯息传播渠道对世界的制约，以及在档案馆和图书馆这类永久保存记忆的地方的讯息沉淀。

反身性的思考在于，在这样的存在众多变量的散播模式中，内容也是分离（seperaration）的，它本身是统一世界的一部分，是分裂为现实和影像的全球社会实践的一部分。被散播的自主景观所对抗的社会实践，同时也是包含了景观在内的现实总体性。但是，这一总体性的内在分裂危害到如此程度，以致让社会个体感知景观似乎就是它的目标。由此景观的语言由主导生产体系的符号（signs）所组成，也是媒介的符号，而这些符号同时也是这一生产体系的最终和最后的目标①。

看来，在当下新媒体环境下，媒介社会理论家或许已经明确地使用“媒介理论”来指称一种关于媒介的社会理论或社会学理论。汤普森（Thompson）所说的“媒介理论”指涉的似乎是最初麦克卢汉的大方向，而有一些致力于讨论“媒介理论”的北欧电子期刊则坚决把媒介和理论这两个词连起来变成一个词，媒介本身慢慢在渗透变身为社会理论自身。

媒介是人体的延伸。媒介即讯息。这是最初的麦克卢汉理论基调。那么，基于高速压缩科技的媒介，现代风险社会又是什

① （法）阿芒·马特拉、米歇尔·马特拉著，孙五三译《传播学简史》，中国人民大学出版社 2008 年版，第 39 页。

么？首先，科技生活使我们现在无法接受媒介首先而且最主要的是一种“手段”这种论点。这种把媒介当作手段的观念经常可以在关于媒介的社会学和批判理论中看到，媒介在此经常被看作是商品化的，看作交换价值，并且就此而言是为了资本积累利益服务的“手段”和“工具”。照这个观点看来，媒介是资产阶级意识形态的武器，支配阶级可以借它强迫从属的社会阶级服从于一套足以强化支配阶级的支配的信仰体系，从这点来讲媒介也同样被理解为手段或工具。第二，对之于文化理论，无论是文化研究学派还是传播政治经济学路径——在欧陆哲学传统之中——则倾向于直接或间接援引康德的第三批判（即《判断力批判》），来理解媒介是什么。《判断力批判》对两种类型的判断加以对比：“断定性判断”和“反思性判断”。

当面对一个客体（不管是自然物或是艺术品）的时候，也就是说当面对一个媒介的时候，我们也许会进行“断定性判断”，判断在这里是被决定的（determined），因为它受制于一种预先给定的规则，然而，就其作为达到其他的、外在的目的手段这一点而言，客体或是媒介也同样是“被决定的”。客体或媒介在此是一种工具、一种工具性（strumentality）。另一方面，我们也可能会以一种“反思性”的方式来判断一个客体（自然物或艺术品，亦即媒介），判断在此并不是由一种给定的规则所决定，而是必须找到它自己的规则。就媒介（或客体或艺术品）本身必然蕴含了判断必须要找到它自己的规则这一点而言，它也是未决定的。基于之前探讨的科技传播特性，跳跃非线性，故而它是无法确定的。既然它是无法预先给定某种规训的确定的经验，所以它不能被当作一种手段或工具来使用，或者已经无法直接便捷地被使用。同时，正因为它的这种不给定性，它本身在很大程度上变成了终极目的。它变成不是手段而是康德所说的“终极性（finality）”，它成了一种“无目的的适切性”、没有外在目的的终极性。因此，客体或媒介也许一方面是工具性，是达至某种目的的手段，另一方面却又是一种终极性[①]。

传统的社会理论在这样的哲学基础上对媒介相关的社会关系做出判断，与之相伴的媒介理论于是也是置于二元论结构之中的。拉什提出，是康德的工具性对终极性的二元论留下了一份重要的遗产，而这份遗产支配了社会理论，构成了马克思将使用价值对立于交换价值的基础：交换价值——或商品——是一种工具性，而使用价值则是自在的目的：它是一种终极性。这种二元论也启发了马克斯·韦伯将目的理性和价值理性社会行为对立起来的论点。依此论点，目的理性的行为遵循一种手段——目的的理性，而价值合理性的行为则遵循一种不是被手段而是被终极价值所支配的理性。它也启发了法兰克福学派的批判理论，所以阿多诺把“认同思维（identity thinking）”的工具理性与他所提出的基于一种终极性的理念的否定辩证法之批判相对立，所以哈贝马斯把策略行动对立于沟通行动。

在以上所列的每一个案例中，某项理论、某种内容要不是一种工具、一种通向目的的手段，就是一种终极性，从某种方式来

① （英）斯各特·拉什著，杨德睿译《信息批判》，北京大学出版社 2008 年版，第 112 页。

讲是表里如一的，一种自在的目的。在文化理论里也可以发现相同的二元并置，“相同的事物（the same)”（即工具性）。在此必须被解构以解开其规定性及其终极性，这对于海德格尔关于技术的思考来讲是核心。在他看来，断定性理性或工具性的解构或破坏开启了一种不确定性，这种不确定性能够再次提出存在的意义、存有的意义这一问题。二元论的爆破在科技的生活形式中无处不在。媒介代表的权力和受者给予的反抗都是非线性的，权力本身不再和第一媒介时代相同，依赖思考过程和结果的输出，主要是教育性的或叙事性的，而变成主要是表演性的、影像式的。社会的同一性如今不再是通过叙事和教育，而是通过信息和通信的表演性（performativity）来运作的，而权力不是通过线性和论说或意识形态的反思性论证而是通过信息、通信的直接来运作的。如今权力或许既不是在反思性的智识层次上也不是在无意识的层次上运作的，而主要是在默识的知识（tacit knowledge）上运作。和第一媒介时代相比，权力可能比较少了规训性质，反而自身采取了跨文化、去地域化的形式而变成了漂泊的、不受羁绊地在不同国家之间游走的东西①。

反身性的悖论在新媒体的科技批判以及媒介理论的批判运用上再一次被重点讨论。媒介理论对社会理论与文化理论、批判理论与后结构主义的这种康德式的二元并置提出了争论。在属于这种二元分歧的年代里，媒介理论根本就不可能存在，或说在第一

① （英）斯各特·拉什著，杨德睿译《信息批判》，北京大学出版社 2008 年版，第 47 页。

媒介时代，这样的属于科技的媒介悖论是不存在的。批判理论与后结构主义对于之前的社会生活着力最深，但是信息秩序、媒介社会的兴起爆破了二元分歧、炸掉了工具性和终极性之间的清晰逻辑差异。它把之前的这种先验性炸碎成了一种更为普遍的内在性、一种属于信息和沟通流的反身性。信息与通信既不是工具性也不是终极性的二元选一或二元对立：信息与通信建立网络、创建连接。如今影像与科技，在一个不再是工业社会或后工业社会，而主要是高速的媒介社会里生存、发展和相互渗透，可以说它的价值和属性，既优于工具性，也优于终极性。信息与通信是全球信息社会的构成质料，也是社会认同的重要言说符号体系。

第三章
影像消费症候式批判

第一节　消费社会

一、　消费社会理论简介

社会主义市场经济体制的确立，给整个中国社会的政治经济生活带来了空前的变化。无论是生活观点，还是发展理念，无论是政治经济领域，还是日常起居方面，市场经济体制变革携带的冲击力量让长期在计划经济下生存的人们抛弃以往趋于单一平面、缺乏个性的生活，转而追求立体丰满的更大生存空间，市场化的大潮席卷了中国的每个角落。经济的变革必然带来媒介的革新或变化，作为社会的子系统，传播媒介必须适应社会环境变化的需要，进行自我更新。自1978年以来的中国社会从计划经济向市场经济转轨，改革同时伴随着从农业社会向工业社会转型，从乡村社会向城镇社会转型，从封闭、半封闭社会向开放社会转型。中国新闻媒介的改革正是在这种宏大、深远的社会变迁背景中展开的。社会变革的力量，乃至社会变迁过程中新旧力量交锋而产生的各种观点、理念的对峙、交汇和融合都深深影响、左右了改革开放以来的新闻改革，这也是社会变革推动之下的必然产物。1978 年开始的中国经济体制改革是一次市场取向的改革，它不是一般意义上的调整，不仅让市场意义上的生产、消费观念取代了从前的以行政指令规定的市面买卖，更是“国家的决策者从实现中国现代化的历史要求出发，全面地改变同社会生产力水平不相适应的生产关系和上层建筑，改变一切不适应的管理方式、活动方式和思想方式。因此，这是一场广泛而深刻的革命”[①]。在这场广泛而深刻的革命中，传播生态和方式的变革同样是在思想观念、生存方式和管理体制等各个领域展开了一次前所未有的变革。

消费，“为了生产和生活需要而消耗物质财富”[②]，一种对经济行为的描述，作为现代商品社会的一个概念，它是指物品和劳务的最终耗费，早在中国古汉语的词语释义中，“消”就有需要、使用、享用的意思。郑廷玉《楚昭公》第一折：“主公，我去，只消一个月便回也。”安崇庚《西湖柳枝》诗：“一生消受好风多。”[③]消费，consumption，在英文中，经历了一个语义的变迁过

① “中国改革与发展报告”专家组：《透过历史的表象——中国改革 20 年回顾、反思与展望》，上海远东出版社 2000 年版，第 145 页。

② 中国社会科学院语言研究所词典编辑室编《现代汉语词典》，商务印书馆 1979 年版，第 1250 页。

③ 《简明古汉语字典》，四川人民出版社 1979 年版，第 759 页。

程。最早源于拉丁语，有消费、浪费的意思，之后很长一段时间该词都被打上了很鲜明的贬义色彩，带有“耗尽、摧毁、用光”甚至“暴殄天物”的意思，词义更多注重对于过度花费方面的解释，至今还出现在描述肺结核“consumption”的普遍词汇里。18世纪中期后，其贬义色彩逐渐消退，开始以中性的意涵出现在一种对经济行为过程和环节的描述中，即消费是与生产、交换、分配相关的经济行为和形式，是一个和生产相对而言的概念。在有组织、有系统的新兴市场成为社会消费主要场所时，制造与享用货品、服务的行为被重新定义：这种制造与享用的行为是以较抽象的一组词汇——生产者（producer）与消费者（consumer）、生产（production）与消费（consumption）来定义[①]到了20世纪，消费活动在社会经济生活中的地位越来越明显和重要，消费的含义也越来越广泛，从以前的购买占有和使用物品发展到购买占有和享受劳务、服务，拓展了消费物资的范围，也拓宽了享受的领域空间。20世纪过后，消费社会不知不觉到来。消费社会的到来，具体始于何时，很难精确回答，但学界普遍认为，它始于20世纪初美国福特汽车公司著名的福特主义的实施。

20世纪大众消费社会的兴起与福特主义为代表的资本主义大规模生产方式联系紧密。福特主义发端于资本主义试图寻找一个可以使工人有效需求和赚取最大剩余价值的平衡点，即找到可以进行二者间有效调和的黄金分割点的模式和理论指导。工人的有

① 雷蒙·威廉斯著，刘建基译《关键词——文化与社会的词汇》，生活·读书·新知三联书店2005年版，第85−86页。

效需求和赚取最大剩余价值的两个基本目标的分析，来源于马克思主义的观点，即社会体系中劳动力的再生产和社会体系自身的再生产决定了该社会的整体消费水平的高下。在资本主义生产方式下，资本家力求获取最大剩余价值，但同时不能影响劳动力再生产的基本要求；另一方面，工人的工资使其具备有效需求的资本和前提，而这种需求又要和资本主义生产出来的产品价值相吻合。劳动力的再生产和工人的有效需求实际上把工人的生产和消费连接在了一起，资本主义的生产过程不仅仅是工人的劳动过程，也决定了工人的消费形式和状况，即生产出工薪阶层的消费模式。在此之前，早期的资本主义生产方式并没有紧密地把工人的劳动和消费生活连接起来，原因在于，早期的工人家庭消费还可以基本脱离商品（比如种植蔬菜、饲养家禽等等自给自足的方式进行家庭生活的消费）。而到了 20 世纪初，资本积累的主要来源从生产资料过渡到生活资料，商品消费日益变得重要和不可缺少（自给自足的方式已经不能满足人们的家庭消费）。商品消费的日增随之便带来对于生产劳动的更高要求，比如速度更快、效率更高等等，生产过程本身也就发生变化。

著名的福特主义研究家、法国的阿吉列塔（Aglietta）将之称为资本家从榨取工人的“绝对剩余价值”到“相对剩余价值”的变化。简单地说，从前是依靠延长工人的劳动时间，加大工作量，提高利润，现在是在劳动工作时间不变的基础上，通过提高工人在单位时间内的劳动生产率，也就是通过提高劳动效率的方式来提高利润。在这样的情况下，福特主义对资本主义的贡献是，通过对生产流水线的装备的精密改造和当时最大限度不依赖人工技能的大规模生产方式的发明，让机器的方式决定人工的工作节奏和形式，让工人本身在流水线上和精密的仪器一起成为程序可控可以操作的部件或者零件。前面提到，生产劳动过程已经和劳动力的再生产过程联系在了一起，也就和劳动工人的工余时间有了联系，工人需要在工余恢复体力精力，获取基本生活需要，再投入到下一轮的高强度机械化工作中去。高强度的机械化工作使得工人下班后不可能再像以前那样，从事一些诸如喂养、种植等同样消耗体力精力的生产劳动，而是转为以占有、使用现成商品的主要方式进行家庭（工余）消费，从这方面讲，再一次确立了消费生活的模式，它与生产活动完全割裂开来，相对独立，却又在另一个环节中成为生产活动的基础和前提。

标准化、大规模的生产方式决定了社会消费的大规模甚至趋于同质化和标准化，二者同时构成了资本主义社会的时代特征：高强度的机械化劳动——高强度机械化的劳动者——大规模的生产——大规模的消费，既可以避免大量产品的滞销，也控制了劳动者劳动以外的时间的生活方式。在这样的情况下，明确的消费者（consumer）作为一个普遍而通用的词汇出现了。追溯到从前，与产品供应者（supplier）相对应的是顾客（customer）这个词汇，自 15 世纪以来，被用来指产品的购买者，这当中，暗示他和供应者之间有一种规律、持续的联系，被产品的供求关系联系在一起。而到了 19 世纪末 20 世纪初，制造业和产品使用者之间已经不再是简单的已知的供求关系，资本主义已发展到生产者可以创造各种需求，并设法从生产的角度去满足它，比如利用现代广告——说服或者市场渗透的方式等，顾客渐渐从被通知可购买商品量的供求一方变化成为在一种被制造和描述的需求中得到消费满足的人群[①]。

20世纪60—70年代以来，当以长期庞大的固定资本投资作为支撑的福特式大规模生产体系渐渐难以适应迅速变化的市场的时候，一种以缩短生产周期、制定小规模小批量的针对目标消费群体的生产体系应运而生。这种被称为“后福特主义”的新的调节模式也给大众的日常消费领域带来了新的变化。生产周期的缩短，必然加快生产产品周转的速度，生产步伐的加快，自然带动交换和消费的快速跟进。有西方学者指出，变化之一，非物质形态的商品在消费中占据越来越重要的地位，比如从单纯地关注服装本身，到关注与之相关的生活风格；变化之二，符号体系和视觉形象愈发在左右消费的过程中发挥先要作用，比如媒体广告所传递的已经不仅仅是信息，而是通过传递与商品有关的代表趣味与欲望的意义，来控制和操纵消费活动。由此也带来了一系列的问题，比如如何解决信息、符号无形中操控生产、消费的问题，如何面对由此引发的政治经济权力的问题等等[②]。福特主义向后福特主义过渡的时代，也是资本主义工业社会向后工业社会的转变，社会生活重心从生产逐步移向消费，消费的形式日渐多样，消费的内容从单一的商品增加到集产品使用和服务享受于一身，消费的延续从消耗功用转变为寻找生活方式和建构意义。“今天，

---

① （英）雷蒙·威廉斯著，刘建基译《关键词——文化与社会的词汇》，生活·读书·新知三联书店2005年版，第86页。

② 罗钢、王中忱主编《消费文化读本》，中国社会科学出版社2003年版，第7—8页。

在我们的周围，存在着一种由不断增长的物、服务和物质财富所构成的惊人的消费现象，它构成了人类自然环境中的一种根本变化。恰当地说，富裕的人们不再像过去那样受到人的包围，而是受到物的包围……我们生活在物的时代。”① 从工业到后工业，是一个经济意义上的时代的划分，与之相随的是另一个关于历史阶段的描述：现代和后现代。

二、现代与后现代

现代与后现代既是一个历史阶段，又是社会政治、经济发展的一种状态，同时还是一个理论研究概念，也是社会思潮变化的一部分。从简单的时间概念上来看，现代是指紧随中世纪或封建朝代而来的时代，或者说启蒙运动之后兴起的一个时代。学者詹姆逊（Fredric Jameson）教授在北京大学的演讲中提出，1880 年左右到 1930 年左右是现代时期，后现代阶段则是从 1960 年前后开始。就现代的开始年代来看，学界一般以启蒙运动之后资本主义工业化的开始为起点，最早可追溯到 17 世纪初；而后现代是从 20 世纪 60 年代之后逐渐开始的。从社会政治、经济发展状态来看，可以把自启蒙运动之后到整个工业化阶段的发展状态称为现代时期或现代化时期。以启蒙运动作为现代时期的发端，即以启蒙运动之后开始的以理性化、科学化及资本主义工业化为特征的时期称为现代时期，包括通常讲的近代和现代两个阶段。而相

① （法）让-鲍德里亚著，刘成富、全志刚译《消费社会》，南京大学出版社 2001 年版，第 1—2 页。

对于简单的时间概念，现代化更大程度上是包含文艺复兴运动之后宣传资产阶级文化的思想革命过程，是一个寻求观念思想理性化的进程，是集工业化、市场化、城市化为一体的进程。这个进程，是以张扬自然科学和技术为主要内容，并与大机器生产相适应，以商品经济和对外贸易为依存，不断推进生产社会化和服务规模化，以民主化、法制化为标志，展开政治革命为目标的过程。通常把工业化之后的信息化、服务化的后工业化社会称为后现代时期。在这个意义上，与现代和现代化相伴随的，是现代性。一方面，现代性是相对于古代性而言的，它与传统秩序相对，指的是社会进化中的经济与管理的理性化与分化过程，并且现代时期意味着经济和生产方式上所实现的现代化的程度。另一方面，为了与后现代相区别，“现代”一词实际上包含着通常所讲的近代和现代两个阶段。

后现代在时间上是现代化社会的后继时期，是向后工业社会的转变。鲍德里亚（Jean Baudrillard）强调后现代时期是一个从生产性社会秩序向再生产性社会秩序转变过程中，技术和信息的新形式占有核心地位的时期，这是从社会生产的主要内容以及生产工具和方式的角度来划分，在这一再生产性社会秩序中，人们用虚拟、仿真的方式不断扩张、构建世界，消除了现实世界与表象世界之间的区别，信息内爆。还有学者认为后现代时代主要是向后工业社会秩序的发展。在这个时期对整个社会产生重大影响的，是社会的计算机化和信息化，在日渐计算机化和信息化的社会建构中，他把后现代更多定义为心理或者观念的方式，是一种情绪，或更准确地说是一种心灵状态，是一种在新型生产范式下的人的思想状态[1]。

后工业社会与工业社会相比较，已经有很大的不同：在经济结构和布局方面，后工业社会已经从产品经济转变成服务经济。理论知识开始处于促进社会发展至关重要的中心地位，能够成为社会革新和制定政策的依据。后工业社会的发展方向是控制型技术的发展，通过控制技术的大量应用，社会管理者对社会进行有效的治理。“人工智能”技术是产品制造和经济管理的主攻方向。后工业社会不再追求自动化和流水线，在开发智能技术中，以对规则系统的把握来使这个巨大的社会“井然有序”，并降低劳动者的劳动强度。在此基础上，工业社会与后工业社会的主要区别在于[2]：

	工业社会	后工业社会
权利基础	财产、政治地位	科学、技术
获权方式	财产继承、政治机构成员	教育
中心技术	能源	信息
社会单位	家庭	个人、专业组织

工业社会向后工业社会转变过程中，人类生产方式与生活方式都发生了巨大变化。在这个时代里，人们的工作方式走向脑力化即精神化，而人们的生活方式却走向更多更高的物质消费与享

① 杨魁、董雅丽著《消费文化——从现代到后现代》，中国社会科学出版社2003年版，第32页。

② 同上。

乐。资讯高速流通，媒体覆盖生活的方方面面，特别是视觉媒体，已影响到所有人的生活。五六十年代电视的发展为全世界带来了巨大影响，电视的普及使整个人类生活视觉化，同时也让人们的生活环境日益形象化和虚拟化。而完成向后工业社会转变的同时，工业大生产带来的人的片面性和异化问题，社会单一化及资源与生态问题，过度的市场化引发的拜金主义和贫富差距问题等等，都让社会中的个体对当下产生怀疑。现代初期，作为把人类从愚昧和非理性状态中解放出来的进步力量的理性、民主和自由理念，推崇近代科学技术进步的观念，推崇平等和博爱的信仰，纷纷遭到重新审视甚至质疑，以至于很多人认为它是对现代人形成权役、压迫和压抑的根源。对现代社会和现代性进行解构和深度批判的后现代主义由此形成。对现代性的消解，是后现代性的主要特点，从前在现代化进程中培养起来的社会认同和价值观念分崩离析，围绕社会化大生产而进行的生产、生活渐渐失去重心。最初以不同获取劳酬方式来区分的社会阶级在人们心目中越来越不重要，而其他类型的认同取向却日益重要。消费作为后现代的缩影，意味着人们的生活、认同感以及自我观念不再以生产性的工作为核心，而开始以消费为中心。前面提到，资本主义先是实施对生产的控制，进而通过控制生产而控制工人转变为对消费者的控制，后来发展到通过控制商品的意义、价值和符号而操纵消费者。各种休闲活动与一般消费当中的角色对人们越来越重要，消费最终取代工作与生产成为社会重心。

在西方文化发展里程中以历时形态依次出现的前现代、现代与后现代文化现象，在当代中国，相当程度上是以共时态的形式存在着。有理论认为，当今朝代仍处于“现代时代”，并正处于不断完成其现代性的进程中，甚至才处于“现代时代”发展的初期；也有理论认为，当今中国虽然处于现代化进程的初级阶段，但中国的现代性和后现代主义却同时存在。或者说，由于处于世界大潮的冲击之中，使中国在实现现代化的同时，现代化、现代性和后现代主义几乎同时出现，同时并存。后工业社会（信息社会、消费社会）的生产、生活方式对当下的中国社会、文化和心理都起到潜移默化的影响，并逐步在社会各个层面形成了文学艺术、媒体变革、生活消费等方面的后现代主义特征，是对急剧变化的中国社会文化生活的一种反映。而消费主义的思潮作为社会文化的一个部分，作为一种意识形式已经成为后现代时期、后工业时期的重要特征。社会的经济文化过程都逐渐自觉或者不自觉地围绕消费进行，对消费大众和社会个人产生了深刻的影响。

三、符号消费

鲍德里亚在《消费社会》中写道：“流通、购买、销售，对作了区分的财富及物品符号的占有，这些构成了我们今天的语言、我们的编码，整个社会都依靠它来沟通交流。”① 他认为，在资本主义社会，物的组织是建立在使用价值、交换价值和符号价值的逻辑上的，在这里，鲍德里亚对马克思主义商品价值学说的一个重要补充，或者说是一种质疑，就是提出了符号价值的观

---

① （法）让-鲍德里亚著，刘成富、全志刚译《消费社会》，南京大学出版社2001年版，第71页。

念。根据马克思的观点，商品是用来交换的劳动产品，具有使用价值和价值的属性，价值凝结了一般人类劳动，使用价值是商品满足人们某种需要的属性，除此之外，它还必须具有能同别的商品相交换的属性，即交换价值。商品的交换价值表示在交换中一定数量的不同商品彼此相等，不过是相交换的商品中某种共同东西在数量上的表现形式，而隐藏在交换价值后面的是商品能够在同质异量的基础上进行比较的共同东西，就是凝结在商品中的一般人类劳动。鲍德里亚认为，在马克思的理论中，使用价值的性质是模棱两可的。商品既有交换价值又有使用价值，但无论在个人的消费过程中还是在劳动的过程中，使用价值通常是具体的、特定的，取决于自身不可替代的属性，这也是进行交换的前提和基础。另一方面，相对于具体的不可替代性，交换价值是抽象的、概括的，没有使用价值就没有交换价值。物品在成为交换价值的载体之前，通过拥有某种有用性，满足了既定的社会需求，才能成为商品，进入交换环节。

因而，使用价值并不包含在交换价值特有的等价交换逻辑中，即存在没有交换价值的使用价值。他认为，从这样的逻辑出发，在对商品拜物教的这一限定性分析中，交换价值被赋予更大的功效，而使用价值并未显现出隐藏的社会关系，甚至被抹杀。使用价值，即有用性本身，确实是一种拜物化的社会关系，就像商品的抽象等价物一样。使用价值是一种需求系统，不过被抽象化和掩盖了，实际上，使用价值包含的有用性与等价交换逻辑是结合在一起的。使用价值包含着等价交换性，正是因为有用，所有物品之间才可以进行比较、量化和交换，因为它们具有相同的抽象的规定性，即不同的可比较的需求系统。仅在单一的和私人的象征性交换（礼品，赠品）行为中，物品或货品范畴才是不可比较的。私人关系非经济关系，自然完全不同。另一方面，作为有用的价值，物品具有抽象的普遍性和客观性。如果交换原则和有用性原则具有这样一种密切关系，与马克思所讲的有关使用价值的“不可比较性”是相反的。按照这个逻辑，鲍德里亚的结论是，物品要成为商品，交换中的一般等价物是有用性。每一物品都被转换成一般等价物的抽象符码，作为它的基础、客观法则和意义。这一符码的形成和获得完全依赖于物品的使用者和物品被使用的目的。

鲍德里亚进一步提出，仅仅是物品有用性被消耗掉的描述是对商品交换过程的简单化，甚至是一种人本主义的幻想，使用价值恰恰是一种社会关系。鲍德里亚对于马克思理论的补充和发展也正在于此，他把使用价值的社会化面貌公之于众，并解释了使用价值所具备的社会意义对于商品交换的重要性和隐蔽性。他分析，使用价值是一种对有用性的表达，它确立了物品的真实面目。物品在与自身的功能性等价交换中得以确立。而马克思坚持把使用价值归为“不可比较的”范畴，在鲍德里亚看来，确立了个体与物品之间的关系，即人的需求与物品的适当功能之间的具体的、客观的关系，但“自然的”属性是不够用来定义使用价值的，将使用价值自然化是马克思的局限，对使用价值社会性的遮蔽是马克思相关理论的缺陷，就像交换价值不是产品的实体方面而是表达社会关系的形式一样，使用价值不再被视为物品的固有功能，而是作为社会规定而存在。这种社会规定通过交换价值和商品本身作用到人和社会，在商品和交换价值的环境中，人不是他自己，而是交换价值和商品，被具有功能性和服务性的物品所包围，人与其说是他自己，不如说是这些功能性和服务性物品规划出的人。

同时，鲍德里亚认同马克思关于生产不仅生产物品，也生产消费物品的人和相应的需求的概念，即是需求这一概念本身生产了商品系统的一般形式，它构造了真正的个体结构，那么，最初的需求又是建立在物本身的使用价值上面，所以使用价值系统不仅仅是交换价值系统的备份、转换或延伸，它同时还作为交换价值的意识形态保证在起作用，由此，鲍德里亚提出了使用价值面前人人平等的观点，从这一观点来看，除了满足需求的手段不同外，需求是世界上最平均分配之物。相对于作为交换价值的物品，人是不平等的；但相对于作为使用价值的物品，人是平等的。他认为："人可以根据等级、收入或性情来决定是否消费它们，但每个人都拥有使用物品的潜在性，每个人都同样有获得幸福和满足的多种可能性。这是上帝面前人人拥有潜在平等的世俗化：'需求'的民主。折射到人本主义领域，使用价值使那些被交换价值从社会意义上分离的人们和解在普遍性之中。"① 这即是表明，鉴于社会的政治经济分割，可能使用商品的机会和能力乃至方式，人人是不平等的，但使用商品寻求满足的可能性和欲求是一样的。这里同时又存在一个矛盾，平等的可能性和不平等的

① 罗钢、王中忱主编《消费文化读本》，中国社会科学出版社 2003 年版，第 35 页。

使用结果之间的矛盾。鲍德里亚在他著名的《符号的政治经济学批判》一书中用公式简约地展现和揭示了这样的矛盾所在：

交换价值/使用价值=能指/所指

通过这个公式，鲍德里亚分析，使用价值和需求仅是交换价值的一种实现。所指仅是能指的一种实现目标，并不代表具备绝对达到性。两者都不是交换价值或能指能够在它们的代码中表达或传递的自主的现实，而是一种效果模本。在欲求的系统中，使用价值和所指向交换价值和能指提供了真实、生动、具体的保证，并为它提供了交换价值再产生的前提和基础。然而，在实现需求的过程中，交换价值系统和能指系统以其系统资格用它们自身的总体逻辑又代替了客观真实的保证。这个矛盾的交织和发展过程，在鲍德里亚眼中，又是一个使用价值系统成功地使交换价值自然化的过程。“在商品层面，交换价值抹掉了真正的劳动过程，使后者呈现为一种独立价值。使用价值的运气甚至更好：它为抽象的无人性商品提供了‘有人性的’终极性。在交换价值中，社会劳动消失了。而使用价值系统却在整个的意识形态和历史的劳动过程不留任何痕迹的情况下重新恢复，引导主体首先考虑作为个体的自我，考虑受需求和满足制约的自我并理想化地把自我整合到商品的结构之中。”① 简单地说，即是使用价值是具有恒久性的，随之也规定了需求中的人对物品占有的永恒性。在交换前后和商品的交换中，有用性作为一种社会规定和社会意义在

① （法）让-鲍德里亚：《在使用价值之外》，载罗钢、王中忱主编《消费文化读本》，中国社会科学出版社 2003 年版，第 35 页。

不同的阶段保存下来，人们在具体的行为中重新发现了自己的需求和需求的承载物，这都是使用范围内的东西，通过表达和满足他的需求——消费需求，社会中的个体得以发现自己和定位自身。在通过使用价值发现自己的同时，使用价值的社会性在此间得以彰显，而其彰显的形式便是符号价值的实现。

符号价值的提出，鲍德里亚将消费过程中人与物的关系，延伸到了人与人的关系。人们试图在物品中、并通过物品的消费来建立彼此的关系，物作为一个符号系统，对它的消费构成了对社会结构和社会秩序进行内在区分的重要基础，消费的同时，人们的具体行为已经从最初的消耗物品得到物质使用上的满足，过渡到从使用过程发掘社会定位的阶段，不同的使用物质，或者相同的使用物质，不同的使用方式，都体现着不一样的社会地位和阶级区分。正是这种社会区分的逻辑使消费在当代资本主义社会的日常生活中占据了一个中心的位置。此时的消费和语言一样，是一种意义秩序，即社会区分体现的意义和秩序，而这样的意义又是以符号代码（物/符号）和差异性为基础的。鲍德里亚的符号价值与社会学家索尔斯坦·维布伦（Thorstein Webrein）提出的“夸示性消费”有某种内在的联系。所谓“夸示性消费”是 19 世纪末、20 世纪初一些社会“有闲阶级”成员的生活方式。

这种为了某种社会地位、名望、荣誉而进行的消费，而消费又是经由彰显名誉、财富、社会地位的商品种类或者固定产品来实现的行为，就是符号消费。一件商品，其具有这种彰显社会等级和进行社会区分的功能，就具有商品符号价值。彰显社会地位和社会声望的程度越深，一件商品的符号价值也就越高。在鲍德里亚看来，今天符号价值的消费已经构成了社会所有成员之间相互关系的基础和纽带。消费过程中，消费者除了消费产品本身，还享用这些产品所代表的和象征的意义、心情、美感、档次、情调和气氛。如果说，消费的符号指的是一种意义或者信息，那么符号的消费是将消费品作为符号表达的内涵和意义本身作为消费的对象[①]。此时的社会也已经从以前的以生产为中心转到以消费为中心，消费和消费服务在社会中的角色从边缘变为主角。

鲍德里亚曾以艺术品的拍卖为例来说明经济交换价值是如何向符号价值转换的。在这个过程里，绘画的符号价值就是一种差异的生产，一种差异的等级体系的生产。在拍卖的过程中，经济交换价值改变了性质，拍卖不再是一种单纯的买卖，而是一种财富的夸示性的攀比与挥霍，这也是一种价值，即一种以社会层次区分为目的的符号价值。在一幅普通的绘画作品的买卖过程中，经济交换价值，以金钱这种最纯粹的一般等价物的形式与绘画作品实现交换，这是在满足消费者普通的对于绘画作品艺术鉴赏的需求，影响交换行为的是市场上的商品供求关系。但拍卖这种交换，与一般的经济交换有许多不同之处，其中最重要的是，在艺术品拍卖中起作用的不再是供求关系。在市场上，商品的交换行为，其目的就在于其去期求达到商品价值与消费者预期的使用价值最大可能地达到一致。而在艺术品拍卖的过程中，当参与竞拍的各方出价的时候，二者的一致性不再是一种重要的考虑。因为预期的使用价值不会因拍卖有所增益，或者说，拍卖时候的行为

① 肖显静：《消费主义文化的符号学解读》，载《人文杂志》2004 年第 1 期。

已经远离了商品最初的物质方面的使用价值。绘画作品本身，更重要的是成为一种社会地位和声望的符号，绘画作品的拍卖，更重要的是让这个符号更显要，代表的地位和声望更显赫。鲍德里亚指出："普通的商业运作产生的是两个个体之间的竞争性关系，而艺术品的拍卖构成的是参加竞拍者的一个拥有特权的共同体。谁在这场拍卖中获胜并不重要，拍卖的基本功能是使所有参与竞拍的人都拥有了一种那些没有经济能力参与竞拍的人所不可能拥有的社会地位和社会身份，其标志就是他们可以共同分享其他社会阶级和社会集团不可能拥有的相同的符号。"① 所以说，很多时候消费者的消费行为，已经不是一般意义上对于消费品的实际物质用途的享用和满足，而是超越这些实际用途，追求以此为载体的社会文化身份，这样的身份不是以往由经济政治范畴界定和划分的社会圈子、群体和层次，而是以文化品位圈定的共同体，当然，这样的消费活动带来的更多的是一种意义上的消费和享受，乃至身份认同，甚至是仅仅存在于一次消费活动中的带有很多自我意识的虚拟的身份认同行为。

符号的消费，也即是在消费符号的意义，符号的意义即代表着物本身的意义。一种符号操作行为，就是一种把物的意义挖掘、确认和展现给个体和社会的行为。在符号消费的过程中，物的意义与社会实践紧密地联系在一起，它表征和预示着潜在的社会分野，并以这样的一种标示的形式积极参与社会秩序的塑造调整

① 罗钢、王中忱主编《消费文化读本》，中国社会科学出版社 2003 年版，第 33 页。

和巩固。消费的实质功能在于意义这个命题，是社会学家玛丽·道格拉斯（Mary Douglas）和贝伦·伊舍伍德（Beren Isherwood）重要的观点。她们认为，在社会生活中，物的作用是通过日常生活实践来生产和维持社会关系，同时通过人们需要物品和消费物品的方式，使文化的各个范畴、社会的秩序得以显现，并且稳定下来。道格拉斯一再强调，限定和明确意义的功能，使得人们要丢开消费的实际用途和物品的实用性，通过物的使用来确定意义，筛选与确定大众公认的意义，进而取得社会共识。我们通过对物进行比较、分类，通过赋予我们所拥有和使用的物以秩序，来组织我们的社会关系。从这个角度观察，物的消费就具有了一种仪式的意义，道格拉斯认为："没有仪式的生活，意味着没有明晰意义、甚至可能没有记忆的生活。有一些仪式纯属言辞上的仪式，这些仪式有声音没有记录，最后消失在空气中，无助于限定阐释范围。较为有效的仪式是使用有形物品的仪式，可以断定，仪式包装越奢华，想通过仪式把意义固定下来的意图就越强烈。从这个角度看，物品就是仪式的附件；而消费是一场仪式，主要功能是让一系列进行中的事件产生意义。"①

四、消费实践和惯习

消费代表意义，消费实践秩序。法国著名思想家布尔迪厄（Pierre Bourdieu）又将具体的社会实践置于意义生产的空间进行

① 罗钢、王中忱主编《消费文化读本》，中国社会科学出版社 2003 年版，第 37 页。

研究。他的核心思想在这样几个关键词上得到表达：习性、资本和实践。社会实践，作为一种行为，是区分手段，不同消费模式区分迥然的地位阶层。在其代表作《区分：鉴赏判断的社会批判》一书中，布尔迪厄的一个中心观点是：人们在日常消费中的文化实践，从饮食、服饰、身体直至音乐、绘画、文学等的鉴赏趣味，都直接表现其在社会中所处的位置，也不经意地透露所属的社会等级。而鉴赏趣味的区分体系，属于社会空间的区分体系结构，在文化符号领域和社会空间之间存在着一种结构性的对应，就是说，与社会政治经济空间中的高下相比，可能一致，也可能不完全一致，之所以说对应，是在社会其他系统中，也始终存在权力掌控享用者和其对立面。他指出，在鉴赏趣味中，之所以流行着诸如高雅与低俗、精致与粗劣、独特与平庸、新奇与陈腐等各种类型的等级区分，是因为背后支撑着它们的是整个社会秩序。例如饮食趣味，同一食物，不同阶层的评判标准就根本不一样，工人阶级，由于所从事的工作，自然更加注意与身体力量相关的，倾向于选择廉价而富有营养的食物；而中产阶级偏好保健节食，选择低热量的食品等等。同时，影响个体或者群体消费模式的还有一个重要因素，即布尔迪厄说的“惯习”。在布尔迪厄看来，实践过程中，客观的社会结构和社会惯例逐渐内化为行动者的“惯习”（habitus）。如同刚才的饮食趣味的例子，不同的鉴赏趣味是由不同的社会等级生产出来的，代表着一定的社会秩序和社会关系划分。然而一旦生产出来之后，它就开始履行一种进行社会区分的功能，反过来又积极地参与了社会结构关系的再生产。

布尔迪厄强调“惯习”是无意识性的，这种无意识，是指在集体和个体的实践基础上逐渐获得的，一种在无意识的情况下，或者说是在一种不经刻意教化变成习性的状态下，依规律行动的能力和行为。说它不用经过专门的、特殊的、系统的教化，是指通过“惯习”机制生成的行为，大多不是一种理性选择的结果，而是行动者在长期实践中形成的符合规律性但又缺乏明确的指引、意识，没有清晰的目的却又不违背初衷的行为。这种习性、惯习，在身体的层面上，得到最深刻的体现。一个人可以掩盖自己的历史，改变自己的身份，但他走路的姿态、说话的口音、喝汤的样子却无意间将他的社会出身和社会轨迹暴露无遗，偏偏这样的显露身份又是极难回避和迅速改变的，因为它是在具体的社会实践中被塑造的生活风格和身心结构，受到特定的存在条件、历史文化等因素的左右，形成的是长期的近乎稳固的系统。同时，既然这样的风格定势和身心性情是在不断变化的社会实践中形成的，那么这一结构又是动态的，在不同的时间和地点可能改变的，当然是符合自身逻辑的创造和革新，而且这种改变更多是指因这时间、空间的变化而发生的一些变化，并非是直接超越经年累月形成的惯习本身的巨变。

布尔迪厄提出的另一个对消费主义思潮研究具有重要理论意义的概念是“文化资本”。“文化资本”的概念是对马克思“资本”概念的拓展，也是对于简单的经济能力决定消费能力的补充和扩展。马克思主义认为，资本不仅是一般的货币与商品，而且是一种对整个生产的控制。它包含对生产资料和劳动力，以及整个生产过程的控制。布尔迪厄把这种权力关系从经济领域延伸到广泛的社会和文化符号领域。他指出，资本同样以非经济的形式存在，经济资本，以财产权的形式被制度化；文化资本，以教育资格的形式被制度化；社会资本，以社会声望、社会头衔的形式被制度化。人们的消费模式会依据拥有和占有不同的资本结构乃至资本总量而改变。比如，家庭出身不同，所获得的文化资本就是先天不平等的，直接会影响到日后在社会竞争中的起点和平台。反之，接受良好的家庭教育和学校教育的子女，在日后的发展中更容易受到社会和教育体制的青睐，积累起更丰厚的文化资本，从而在社会空间中占据一个更有利的位置。同时，文化资本需要长期的积累和传承。鉴赏趣味也好，品味氛围也罢，都是在社会实践过程中逐渐形成的。社会上层阶级听歌剧、打高尔夫球，讲究着装仪态的优雅，而下层阶级忙于为生计奔波，最多满足自己的日常需要，除去经济上没有余裕，也缺乏必要的文化心理准备来欣赏鉴别，这与他们携带的不同文化资本有关，即鉴赏品味的高低并不是由于某种内在的品质，而是由它代表的文化资本的多寡构成的。这些都是影响甚至决定消费模式和消费心态的社会文化因素。

从工业社会阶段到后工业社会阶段的发展变化，从现代性到后现代性的过渡，是西方资本主义社会已经经历、我国社会发展目前也正在跨越的历史发展时空。这段时间，是人类社会政治经济生活方式发生重大变迁的时候，作为一种社会思潮，消费主义思潮的发生发展无疑来源于社会结构的变迁，同时，它在社会心理和社会意识方面产生的种种变化反过来又推进社会政治经济的沿革。从实际用途到符号消费，从满足使用到享受意义，从经济强弱决定消费多少到文化资本影响消费能力，消费主义思潮不仅在社会科学理论层面引起了人类学家、社会学家的广泛注意，同时也作为社会个体的习惯行为和心理定势渗透在社会生活的各个场域，改变着人们的消费观念和生活方式，影响着个体以及群体的消费生活和其他生活的方方面面。

第二节　基于P2P技术的影像消费分析

一、基于P2P技术美剧网络传播现象概述

2010年5月6日，中央电视台电视剧频道《海外剧场》预期首播美国“金球奖”最佳电视剧奖得主《实习医生格蕾》第一季。在传统媒体盛行的时代，这应该是中国观众接触境外电视文化的首要渠道。而在新媒体时代，基于网络对等传播的P2P技术，网民早在6年前该剧在美国首播时，通过网络对等下载即时观看，同时经由这样的技术支持，自主翻译，利用网络视频技术嵌入相应的字幕，让国内的更多观众同期看到经翻译的美国电视剧。在新媒体的冲击下，传统电视媒体的传播极度滞后，受众的自主权得以前所未有的解放。这涉及新媒体时代视频传播几个相关问题的探讨：传统电视媒体节目制作的危机、受众的解放以及传统传播政治经济学的批判是否路径依然。

播出季源自美国，它是指电视播出机构依据观众收视习惯和市场变化表现出的季节性特征，是对电视频道节目设置、播出时

间作出的一种独特的应对性的编排和播出方式。在电视业高度商业化的美国，播出季已成为观众收视、广告商投放广告的基本平台。在每年9月至次年5月的收视和播出旺季（约40周），各大电视机构主要展播新节目；剩下的夏季12周（6月至8月）则是电视的淡季，此时，重播旺季的节目成为主流。播出季既成为美国各大商业电视网每年例行运作的经典策略之一，同时也体现了鲜明的美国特色。在电视旺季推出的诸多节目中，电视剧特别是情景喜剧、普通系列剧和电视电影一直是最受观众期待和欢迎的节目样式，是电视台一贯的收视法宝。在美国最有影响的6家商业电视网的播出旺季，除真人秀节目等重点安排外，黄金时段都是电视剧大显身手的时间，每周会有四五十部情景喜剧和二三十部情节系列剧轮番播出，同时还会有少量电视电影。

其边拍边播的制播分离制度使得发行更灵活，风险降到最低。美国联邦通信委员会于1970年颁布了一条关于电视行业的法律“财政收益与辛迪加规则”：商业电视网在晚间黄金时间（20：00—23：00）播出的自制节目不能超过15%，其主流节目必须委托制作公司；电视网只享有首播权，并不享有节目本身。制播分离制度决定电视网向不同的制作公司收购大量不同的电视剧，而制作公司以季为单位来拍摄电视剧以尽量避免商业上的失误[①]。一部剧一季通常会拍22～25集，制作方一般会先做出6～9集，剩下的在播出期间制作，而播出方也一般会先买10集左右，

① 杨晓民：《观众主导 营销助力——美国电视剧播出营运模式》，载《新闻前哨》2007年第8期。

剩下的视播出效果再决定是否购买，一季播完之后，再看有无必要延伸到下一季。通常情况是由制作公司来提出创意，介绍或“推销”给电视网，电视网一旦认可这一创意，就与制作公司“签约”。如此一来，播出方充分享有对电视剧的决定权、取舍权、续定权，制作公司的制作和发行也有了很大的灵活性，风险降到了最低。

如前所述，在国内引进外文电视剧集，以播出季为基础的美剧为例，译制后播出于当下已成为落后5—6年的滞后传播。同时，央视对剧集进行了普通话配音，这让大多数已经习惯以原文发音为收看基础的受众很难接受，甚至认为，配音后的美剧显得不伦不类。而电视剧集本身试图传播的美国文化在被翻译过后，其传播效果呈递减势分布。美国广播公司（ABC）的电视剧《疯狂的主妇》就曾在中国经历收视滑铁卢。据报道，2005年7月，中央电视台电视剧频道选中刚刚在ABC播完《疯狂的主妇》第一季，预期译制后在国内推出，该年底，同为艾美奖和金球奖宠儿的《疯狂的主妇》，创下当季美国晚间电视节目收视新高，却在《海外剧场》走势低迷。这和传统电视剧集受众开始转向网络使用有直接关系。威尔伯·施拉姆（Wilbur Lang Schramm）在《传播学概论》中提出了媒介使用中的选择或然率的概念：报偿的保证（Promise of reward）/费力程度（Effort required）=选择或然率（Probability of selection）①。该公式表明，某种具体的

① 威尔伯·施拉姆、威廉·波特著《传播学概论》，北京大学出版社2007年版，第96页。

媒介或信息是否会被受众选择，由两方面决定——“报偿的保证”指媒介或信息满足选择者的需要的程度，而“费力程度”则是指得到这种媒介或信息的难易程度，包括时间、开销等方面。传播过程中，受众总是希望用最小的代价获得最大的报偿，即接受时间快、方式便捷、费用低、受众的自身利益力求最大化原则。那么，从获取资源的报偿保证或者获取资源的费力程度来说，网络媒体都有着它很大优势。据中国互联网络信息中心（CNNIC）2008年7月发布的《第22次中国互联网络发展状况统计报告》中对于网络应用使用率的统计显示，中国网络使用者中观看网络视频的比率已经高达71%①。

P2P传播让受者在某种程度上变身为传播者。大部分美剧论坛早期只是提供片源下载，随着美剧的传播范围日益扩大，相关剧迷的网络沟通日渐紧密，论坛逐渐发展成为注册会员制，拥有了稳定支持人群。在网络的电视剧传播中，尤其是境外电视的传播，字幕组论坛的形成和发展不能忽略。鉴于境外电视剧的语言障碍，为了快速传播最新的剧集，网络用户中逐渐有个体和群体为其制作中文字幕并发布到网上供网友免费下载。在字幕组论坛内，从寻找片源、对照时间轴，到翻译核对、视频压缩，以及最后的对等发布以供下载，每个环节均有专人负责。该群体的联系靠新媒体提供的即时通讯技术支持，如专门的美剧论坛，或者靠MSN、QQ联系，其中人员大多熟练掌握网络视频制作技术，自

---

① http：//hi. baidu. com/yoqyoo/blog/item/b32ef61719f47a1e962b4344. html，上网时间2009年3月2日。

发形成一个相对固定的群体。其网络的传播过程大致如下：最新一集美剧在当地播出后，地理位于北美的相关论坛会有专门人员把录制好的热门电视剧上传到FTP①。经过即时的对等下载，字幕组的翻译人员将其译制为中文对白，制作嵌入式字幕，经校对后交由时间轴小组，把英文字幕与视频调整同步，再次进行对等传播，交由论坛的压制组和发布组将制作好的成片上传专属论坛，供网友下载②。

二、传播政治经济学的“非睡眠时间”

由此，传播不但非常迅速及时，甚至免费。受众在新媒体的环境下，是商品的创造者，还是使用者，还是商品本身？让我们回归到传播学的政治经济学批判路径之初。传播学批判学派北美最重要的两个代表人物之一，加拿大传播政治经济学学者达拉斯·斯麦兹（Dallas W·Smythe）最有代表性的理论观点“受众商品论”为新闻传播界提供了颇具影响力的学术成果。

20世纪50年代，斯麦兹开始了对“受众商品理论”（audience commodity）的研究。首先，斯麦兹对于媒介究竟在生产什么提出质疑。他指出，广告时段的价值是传播产生的间接效果，而广播电视节目则是“钓饵”性质的“免费午餐”，它们都不是

① FTP是文件传输协议的简称，用于internet上控制文件的双向传输，同时也是应用程序。

② 本部分关于美剧网络传播的观点来源于和厦门大学新闻传播学院2009级硕士研究生汪黎晖同学和四川大学文学与新闻学院2004级毕业生杨迪同学的讨论。两位同学的本科毕业论文写作为我在此部分的研究提供了大力的支持。特此说明和感谢。

广播电视媒介生产的真正商品。早在1951年，他便提出，商营大众传播媒介的主要产品是受众的人力（注意力），由此奠定了其后他的受众商品理论。1977年他发表《传播：西方马克思主义的盲点》一文，标志着受众商品理论的形成。在此之前，人们通常认为，大众媒体生产的就是消息、思想、形象、娱乐、言论和信息，而在斯麦兹眼里，这些东西都是额外的附加品。他认为，它们都像20世纪出售啤酒的小店通常采用的方法一样，是“免费午餐”，这种“免费午餐”是用以吸引顾客登门饮酒的。以广告费支持的电视媒介提供的“免费午餐”是喜剧、音乐、新闻、游戏和戏剧，目的是引诱受众来到生产现场——电视机前。此时，测量受众的公司便能够计算他们的数量多寡，并区分各色人等的类别，然后将这些数据出售给广告者。媒介则根据“产品”（受众）的多寡和质量（年龄、性别、文化程度、收入等人口指标）的高低（也就是购买力的强弱）向广告客户收取费用。所以，媒介公司的使命其实是将受众集合并打包，以便出售。这便揭示了商业广播电视的真正商品——尽管是临时形成的商品——受众[1]。

斯麦兹在论述受众商品论时，对之前的诸多马克思主义者在这一问题上的理论进行了重新审视。他认为，经典的马克思主义作家生活的时代，报纸主要是受到政治党派的影响和支持，而非从广告商那里获得支持，因而20世纪20年代以前的马克思主义

① 章戈浩：《传播政治经济学的核心问题与核心理念》，www. culstudies. com，上网时间2008年6月5日。

者都认为大众媒体的主要产品是它的影响。此后葛兰西、法兰克福学派，直到雷蒙·威廉斯，阿尔都塞都没有够从历史唯物主义的角度对待意识工业。此后的传播政治经济学者如默多克、戈尔丁、席勒也未能认识到这一盲点。他们没有考虑到垄断资本主义控制下的大众媒体如何将受众制造成为市场商品。这些关于意识形态生产的理论与实践都建立在主观的、不真实的和非历史的基础之上。抛开斯麦兹认为的主观的、不真实的研究基础，他从单纯经济的角度提出，垄断资本主义控制下的商业性大众媒体的主要商品很简单，就是受众力。这种商品是用于完成媒体经济与政治上任务的，也是商业性媒体生存的理由。受众力是被制造、被出售、被购买以及被消费的，它有自己的价值，即通过付出的广告附加费来实现的价值，因此它是一种商品。只是不公平处在于，受众在闲暇时间付出了劳动，为媒体创造了价值，但没有得到经济补偿，反而需要承担其经济后果①。

既然将媒介的传播行为定义到纯粹经济的框架中，斯麦兹就必须对整个传播行为的交换、消费阶段及行为进行准确的合乎经济规律的分析，比如广告商据何购买受众力，怎样购买，如何在经济活动中及时调整购买行为等等。斯麦兹是这样回答的，他们所购买的是受众的服务，他们被按照特定的时间、特定的传播方式、特定的市场范围划分。受众作为整体是商品，而这种划分对于商业来说则具有统计学意义的，包括年纪、性别、收入水平直

① 章戈浩：《传播政治经济学的核心问题与核心理念》，www. culstudies. com，上网时间 2008 年 6 月 5 日。

至房屋、信用卡拥有情况、兴趣爱好等等。广告商如何知道他们购买受众力是物有所值？广告商如何得知受众的数量和范围，如何判断个体是否对媒介商品有所注意并付诸收视的行为？他认为，在这种情况下，广告商的行为实际上同保险公司一样，部分受众群体是否不再注意广告并不重视，因为广告商早已对此有所预测，并将这些人计算了折扣。

此外，广告商还可以通过社会调查、收视率调查之类的方法获取数据，这些数据的合理取样与统计，使得受众商品和其他商品一样可以被评级。在受众力的价格如何确定上，斯麦兹认为垄断与寡头塑造了新闻行业对受众的提供。在北美地区，报纸的单一所有权较为普遍。对于他们来说，受众价格是通过使用其他替代媒体的机会成本而确定的。交叉所有制的广播和电视则受到了受众销售时媒体竞争的限制。针对广告商，还有“全国”的和“零散”之分，或是“全国”和“地区”性之分。

斯麦兹的受众商品论在传播政治经济学，乃至传播学、经济学等领域都影响深远。斯麦兹所提出的受众商品论的重要政治经济学意义在于：在广告、大众媒介成为控制需求的主要力量之前，资本主义生产主要是造成劳动者与一般商品生产工具的异化，而现在是劳动者与生产和再生产其自身的工具的异化。广告支持的大众媒介造成了受众商品的三种异化：一是受众商品与其在工作上的劳动成果的异化；二是受众商品与其生产和再生产自身以及子女的劳动力的异化；三是非睡眠时间就是劳动时间。斯麦兹分析指出，在垄断资本主义社会，所有的非睡眠时间都是劳动时间，受众的大部分闲暇时间被大众传播媒介卖给了广告商，用于为消费商品的生产商执行销售的功能及生产和再生产劳动力。

三、传播政治经济学批判路径

按照这样的理论，当受众完全被作为商品而加以出售之后，受众在传播活动中原本应该具有的主体地位自然就完全丧失了，受众的利益以及所有的社会权益自然也就无法得到切实保证了。由于市场化的要求，所有媒介首先必须考虑经济利益和自身的生存，而受众在这样的前提下，难以逃脱广告商和媒体的操纵也就不难理解了。

但斯麦兹的分析也被批评为庸俗政治经济学，批评者说他的观点将意识形态降低为经济基础，同时，将能动的人降低为无生命的被动商品，是经济决定论。一些持“积极受众”观点的学者，特别是提出“使用—满足”理论的学者，更是以大量的实证研究，竭力证实受众是主动参与媒介传播和意义创造的生产者，而不是产品。不过很多传播学者都认为，斯麦兹的“受众商品论”深刻地揭示了广播电视媒介传播的某种本质，起码是一个方面——经济的本质。

另一位著名的传播经济学学者，英国的尼古拉斯·加汉姆（Nicholas Garnham）对于传媒作为文化产业的属性、特点以及在生产消费领域中，与其他商业化实体所遵循的一致的市场规则和其独有的特性，做了详尽的分析。市场模式产生了著名的供求曲线。当一种新产品开始生产的时候，它需要相对较高的固定成本——市场进入的最低花费，这样第一批产品的实际成本会比较高，一般来说这些产品在市场上销售的价格会低于生产成本。一方面收益率的产生取决于某一既定规模下的生产运转超过企业固定管理费用，同时还受到市场渗透水平的影响。另一方面这种理论假定，在高花费的情况下，任何特定产品的需求将会相对较小，而如果价格下跌需求就会增加，并一直增加到饱和临界点。在这个饱和点上，不论价格多么低都卖不出更多的产品了。

在社会传播领域，文化产业同样遵循着这样的规律，传媒拥有的资源和消费者的有效需求应该达到理想的结合点。加汉姆认为，传播可动用的资源数量，即传播媒介的资源数量规模，取决于经济盈余总量（这一点从历史比照和国家间的比较上就很容易得到确定。不同的传播媒体的范围和这些传媒的输出水平总是与 GDP 和税后收入整体水平密切相关。由于经济规模的限制，小国家能够支撑的全国性生产的传媒要比大国少得多）。总的来说，在市场条件下可以支撑的传媒数量取决于两个因素：一是税后收入及由此决定的消费者开支，即个体的收入盈余，潜在的消费能力；二是广告支持度，即其广告所代表的影响力和影响范围广泛与否。要了解判断传媒供应的方式、判断传媒未来发展的可能性，就必须要了解是什么在促使和限制消费者支出和广告支出。从经济学的角度讲，任何经济体系中都存在着一种差距，一般来说，尤其是在既定产品与服务的消费上，消费者的需要和愿望与他们能够和愿意支付的开支之间存在差距，即想要享用的愿望和可以享用能力之间的差距。同样，那些可能希望传播和生产表达符号形式的个体或社会团体的才能和愿望，与可得到的工作和可实现的消费者需求之间也存在差距，也就是生产的预期消费和能够实现的实际消费之间的差距[①]。同时他还强调，对于消费需求能力或者说是消费需求与预期消费结合的达成，更具广泛影响的是经济学家所称的中间需求（intermediate demand）与最终需求（final demand）的分离。中间需求指的是那些满足生产体系内部使用的产品和服务，如机器、原料、销售、会计、法律服务和职业培训等。

中间需求的水平和结构由资本投资的水平和结构以及企业的策略和组织形式来决定。最终需求指那些直接出售给消费者的产品和服务，它们由税后收入的水平决定，也受到工资占整个支出的比重的制约，即取决于消费者的当下消费能力。在消费者对传媒的选择和消费不断增长的情况下，消费者已经出现了或即将出现分众化（demassification），并使文化和生活方式及政治活动受到相应的影响。但对现实的消费和支出方式只作最粗略的观察，都不难发现消费行为变化的范围和程度都相当有限，也就是说，现实中人们在传媒消费上支出的税后收入比重保持着相对稳定。同时，把中间需求和最终需求区分开来是很重要的，因为并非只有最终需求才能决定消费的实现程度，在社会结构多元化、社会分工越来越细的现代社会，中间需求是不容忽视的。

加汉姆指出这样的事实：大多数传媒、大多数信息传播技术的发展和使用主要是生产体系本身的需求推动的。广告就是一个明显的例子。没有广告的支持，报纸和广播电视不可能在历史上

① （英）尼古拉斯·加汉姆著，李岚译《解放·传媒·现代性——关于传媒和社会理论的讨论》，华夏出版社2004年版，第83页。

发展起来，而现在它们仍然离不开广告——要么全部依赖广告收入，要么广告是其收入的极其重要的组成部分。报纸和杂志产业能发展成大众传媒市场靠的就是低消费价格和规模经济，而能够使广告收入达到顶峰的规模经济，自身依赖于消费品大众化的消费市场发展新阶段。广告需求水平与消费者对由它供给经费的传媒产品和服务的需求水平没有直接的关系，但却与企业收益率密切相关。所以要理解传媒经济，就必须首先了解广告市场的特性。与信息、传播技术相关的生产技术和消费需求（分散、专业化和高价值）的变化使规模化的大众经济向灵活的专业化方向转变。这种观点应用在传媒上就是：大众传媒和广播向适位传媒（nichemedia）和窄播（narrowcasting）的转变。

加汉姆是欧洲威敏学派的代表人物。他坚持媒体研究的基本出发点是首先将大众媒体视为经济实体。在传统媒体时代，媒体通过广告，以及二次销售，在其他的商品生产部门中间发挥创造剩余价值的作用，在传播过程中，受众看似无意的媒介接触实际已经进入商品的销售和消费环节。同时，传统电波媒体一般具备伴随性，例如以制造收听和收看进行贩售。阿伯克龙比（N. Abercrombie）认为："电视通常是被用作一种持续不断的背景噪音，在这个背景下，其他活动（家务工作或家庭交谈）可以开展。基于此，它为家庭提供了随时可以利用的环境资源，它也可以起到一个行为管理者的作用。"① 这和新媒体时代个体对于网络

① （英）尼古拉斯·阿伯克龙比著，张永喜、鲍贵、陈光明译《电视与社会》，南京大学出版社2002年版，第204页。

的使用大不相同。网络的使用大多以个体的 ID 为基准，个性化强，就使用姿态来看，一个群体共同面对一台机器的现象并不符合新媒体的使用原则，相对于家庭或群体的伴随性效果比传统媒体，大大降低。而正是传统媒体的这种伴随性，使得广告有充分的空间和时间加入传播的环节当中。

当新媒体简化了媒介二次销售的环节，政治经济学的分析是否彻底沦为庸俗论呢？基于以上的分析，不难看出，基于 P2P 技术的美剧网络传播，在形式上的确大大解放了受众，使其摆脱对传统电视媒体的依赖。但斯麦兹的“非睡眠时间”理论依旧在新媒体的传播体系中发挥着作用。传播政治经济学的核心目标是从经济的角度理解社会整体（social totalities），将传播作为广阔的经济文化组成部分。新媒体环境下，受众的创造力得到发挥，如前所述，自行翻译、制作字幕等从前必须经专业媒体承担的传播任务都可以在接受环节完成。但正是这样的创造过程，彻底让受众个体依附媒体介质本身，因此，这也是一种解放中的沦陷。马克思主义的化约论的确不能解答这个问题，因为基于 P2P 的对等传播目前是免费的，简单的经济基础决定上层建筑论断无法对此给出精准答案。免费使用媒体的表象下，受众“非睡眠时间”大大被占用，也就变相被使用了自身的劳动时间。媒体通过媒介产品的生产和交换，即电视剧集本身的上传进而下载，直接发挥生产剩余价值的作用。

第三节 规避式的符号狂欢

2009年，由2004－2006“超级女声”（以下简称“超女”）变身而来的2009“快乐女声”（以下简称“快女”）再次吸引大众关注。其中，参赛选手曾轶可的专业水准及其受到的专业评判备受争议。在此类选秀节目很难回避的商业操作基础上，笔者认为，节目操作程序背后，隐藏着一贯的媒介符号生产行为。从媒介符号层面解读，受到专业水准质疑的曾轶可，和之前该节目推出的张含韵、李宇春同质，迎合甚至代表某个阶段大众文化的流行理念，成为某种被符号化的象征，而连续打造符号化偶像的节目借此获取传媒市场化大背景下的生存空间。同时，关注受众在此类节目中的互动参与表现，对于探讨相关媒介产品的媒介文化构建具有很大意义。

一、建构媒介符号的消费主义背景和大众文化基础

由2004“超级女声”变身而来的2009“快乐女声”，依然是大型全国性的明星选秀活动。节目以电视互动活动为载体，以音乐和梦想为包装，带有明显商业运作色彩，成为大众生活热点，2005年的超女选秀甚至创下节目收视人数上亿的记录。它以“想唱就唱”、“唱得响亮”为口号，全程展示一群年轻女孩的“成星”历程。

讨论“超女”和“快女”节目符号角色生产，必须将其置于

目前我国媒体发展的文化和市场背景下进行阐释。

传媒市场化和消费主义已是当下媒体不能回避的生存环境和长期发展的逻辑。消费主义涌动围绕着媒体意识形态渗透方式的变化而展开。市场化要求媒介产品进入生产和消费的连接，产生传媒和受众的交换行为。基于媒介产品的精神属性，双方在交换环节中相互交流的更多是一种意义或者价值。意义占强势的一方，就是在传播过程中占据主动的优势的一方。在市场经济体制确立之前，我国的新闻传播事业带有浓厚政治意味的文化强制性。之后，体制的革新、文化管制的放松和消费观念的渗透，使得传播当中，广大受众以消费的形式和观念对强势的文化权力进行消解。市场化步伐和消费行为的变迁，带给媒介生产前所未有的文化建构空间，大众文化的包容和多元成为此环境下媒介行为的温床。

同时，现代社会市场化带来更大程度上意义和身份的消费空间。就日常行为而言，大众于单一压抑的一元化语境中解放，在具备物质消费能力的基础上，通过消费商品的意义来满足自身对于社会身份、地位的渴求和认同，而这种消费的成功又刺激了对于下一次消费的欲望。在媒介交往中，符号和意义也成了受众对于媒介产品的消费核心。通过媒介产品的消费，人们取得社会联系，获得社会身份认同的最佳中介。在这样的社会文化背景下，媒介进一步承担了提供意义消费的功能。需要指出的是，与从前倚重政治意义为核心的传达相比，当下媒介更多从唯一性强硬式的意识形态传播中摆脱出来，通过自身生产的媒介产品，创造被受众消费的生活文化意义，构建社会人群的身份连接，以此获得受众。

因此，对我国媒体而言，在政府引导控制和市场开放之间找到平衡点，不仅仅是用市场解放的行为消解意识形态一元化的进程，还是寻求传媒产品符合政治经济以及文化逻辑切合点的探索。在此基础上，湖南卫视从“超女”到“快女”的节目生产可以被看作市场开放的媒介产物，同时也是在政府引导控制的框架下，游走于主流文化和新兴分众化价值理念之间的媒介行为之一。

以传媒消费主义角度来看，“超女”和“快女”是一次大众快感和欢乐意义的抒发与释放。赛制每届有所不同，评判标准和评价角色日趋多元。想唱就唱，没有任何专业门槛，娱乐节目，抛弃严肃，拒绝沉重，赞美与谩骂共存。比赛期间，几大著名网站都有与比赛相关的连接和专栏，设置相关贴吧。应该讲，电视媒体的表现直观和网络媒体的表达直接，为节目做了一次成功的合谋，让受众在选手想唱就唱的过程中，尽情享受想爱就爱、想骂就骂的极度快感。受众平日里受到的社会约束，在参与节目讨论的过程中得到无意的消解和躲避。在节目中，大众消费更多的是远离规范的意义，而消解和消费意义都是在媒介所处的大众文化环境中进行的。

在学者约翰·菲斯克（John Frisk）看来，大众文化是在斯图亚特·霍尔（Stuart Hall）所称的权力集团和民众之间的对立状态中建构的。这一权力集团由一种相对统一、稳定的社会力量组成；另一方面，是处在从属者的民众。这种对立还可以看作是同质与异质的对立、圆心与圆周、向心力量与离心力量之间的对立，或者更敌对一些的抵制。意识形态理论或霸权理论强调了支配者为了其自身的利益而建构从属者的主体性及关于社会的共识的权力。他们的权力是使其关于自我及社会关系的意义为民众所接受或认同的权力[①]。在传媒消费主义视野中的我国大众文化，同样存在主流意识对于其他意识形态的规范和约束，大众寻求暂时的精神缓冲也是很普遍的现象。

规避权力或颠覆它是一种精神层面的回避和抵制行为，以求得心理上的缓解。菲斯克认为，在资本主义制度下支配者的基本权力是经济权力，但这种经济权力被符号权力，即生产意义的权力所支撑和超越。所以，符号的抵制不仅仅是对支配性意义的拒绝，它还建构了服务于从属者利益的对抗性的意义，对权力的再分配而言，它像规避一样是一种至关重要的基础。在他的论述中，符号是生产意义的，一面拒绝对固有的权力性的意义进行解码，一面以自己的符号建构系统创造新的符合自身利益的意义框架。

从以上分析的文化背景和价值意义出发，可以说，“超女”和“快女”的节目制作让大众精神层面的规避需求获得表达的起点，以及相对自由沟通的媒介场域。其技术核心便是几年来角色各异却内含统一的象征化符号生产，表意过程由每一届争议性角色的参赛历程得以完成。

---

① （美）约翰·菲斯克著，杨全强译《解读大众文化》，南京大学出版社 2001 年版，第 9 页。

二、媒介个体符号意义创建和受众自娱式消费

无论“超女”还是“快女”，受众狂欢，享受快感，创造意义，远离规范。从张含韵、李宇春到曾轶可，看似风格迥异，但都被媒体赋予了统一的指代与意义，从而在泛滥的选秀节目中脱颖而出，成为家喻户晓的选手。

张含韵的可爱，李宇春的帅气，曾轶可的绵羊音①，是选秀节目经过电视和网络展示的热点。作为媒介角色的她们，借助这些表象，共同进行着自我的书写。这个自我是大张旗鼓标榜的自身的独一无二，是该节目贯穿始终强调的梦想、勇敢、独特。这些元素也正是青春的代言，迎合主办媒体提出的快乐主题。正如张含韵的歌词，“我要我自我最像我的自我，人群之中我有最最的独特，唱我自己的歌，要唱出我的性格”②。

这些青春的元素，似乎可以通过任何一个参赛者来释放，而以上三人成为焦点人物，在于她们所进行的是争议性的自我塑造。在通过唱歌选秀的电视节目中，三人的唱功都先后遭到质疑，她们挑战了以音乐为基准的选秀节目，按传统专业素养（例如音准等）作为基本评价标准的体系。长期以来，传统价值观和专业基准在受众面前拥有着较强的话语权，而在多元化选秀节目中，她们身上标榜的潮流和特质被媒体成功放大并加以进一步使

① 形容曾轶可声音的网络流行词，其特点是声音发颤、柔柔的。最早由湖南卫视“快乐大本营”主持人杜海涛在 2009 年 6 月 20 日的节目中说出。

② 张含韵演唱《酸酸甜甜就是我》歌词，作词方解。

用，即以媒体对其的肯定表达为抵抗传统价值提供行为通道，如李宇春引发的女性角色审美标准变迁，如讨论曾轶可是否代表了“90后”的叛逆和自我，及该群体的相关特质可否被当下价值标准接受等。由此，媒体通过这些争议既可在广度上让节目的关注度得以延伸，也能于深度上引导出更大的社会意义。

相对于其他选秀娱乐节目采用明星战术，或是诉诸游戏和恶搞等营造直接快感的形式，“超女”和“快女”争议性的自我塑造，以及塑造背后统一打造的青春成长式审美符号，可作为观众能够咀嚼消化的大众文化营养，同时强力支撑维系媒体生存的收视。在媒体面前，受众往往会积极主动地寻求“情绪的、愉悦的或美感的体验”[①]，这正是使用与满足理论中重要的情感需求。对大众精神审美而言，张含韵、李宇春和曾轶可三人很大程度上满足了不同受众的情感需求。在同龄人或年幼者眼中，她们是追求梦想、坚持自我的代言；在年长者眼中，她们是惹人怜爱、渴望得到保护的孩子。媒体通过这样的情感暗示，让受众对她们产生感情的牵连，进而使受众对节目的关注变得更加稳定。

可以说，通过电视画面的关注与放大，这些参赛者已成为存在于舞台上的特殊符号。张含韵、李宇春和曾轶可这些名字的指代意义也远远超越了个体本身。在媒体运作下，她们身上的缺点同样成为可持续的被关注点，被狂欢的大众欣赏、消费、津津乐道。而那些对她们的讨论和赋予她们的意义也是其存在于这个媒

① （美）沃纳·赛佛林、小詹姆斯·坦卡德著，郭镇之主译《传播理论——起源、方法与应用》，华夏出版社2000年版，第324页。

介焦点的绝对资本①。

之于受众，相关讨论目的在于赋予节目角色的定位，其实也是在考量这种定位与原有标准的偏离度和被接受度。从某种程度看，是一种大众通过媒介表示的之于规范的回避路径，表现形式大多为网络留言，如“音乐不是要音准、歌词、声音都好、才叫（好）……谁说一定要声音好的人，有乐感的人，不左音的人，才可以在电视节目上唱自己的歌”②。在大众文化的范畴中，菲斯克将这样的规避看作是一种大众力量，是民众的快乐，是对支配性意识形态及其规范的拒绝，是建构一系列超越其所及范围的经验的能力。规避性的、冒犯性的快乐是狂欢式的、夸张的、解放的乐趣，因为它们颠覆了社会规范，也暂时瓦解了既有意义基础。当然，这里的瓦解权力，应该并不是指最后意义上的推翻和瓦解，而是一种在符号的创建和享受中建立自身、娱乐自身的行为，因为对主流意识形态的躲避本身，就是一种精神独立、自娱自乐的胜利，例如节目中曾轶可因其专业水准不被认可乃至激怒评委的行为，反而增强其在受众中的被认可度③。如菲斯克所说，大众文化的艺术，是一种不需要权威规范的艺术。大众的文化主体——大众，没有占据一种完整的文化资源，但又可以从那些资

① 本部分写作和其中资料的查询，都得到四川大学文学与新闻学院2009级硕士研究生邱清同学的大力支持和参与，特此说明和感谢。

② 百度贴吧曾轶可吧网友留言 http：//tieba. baidu. com/f? kz=605611722，上网时间2009年6月12日。

③ 2009年6月18日，湖南卫视2009“快女”20强晋级赛，评委包小柏因对曾轶可晋级不认可，而在直播现场离席，之后引发大众和媒体对曾轶可的特别关注。

源中创造属于他们的文化。这种以冲突为特征的文化，关涉到意义的斗争。这场斗争的胜利，无论是否在时间上转瞬即逝，或在空间中受到种种限制，总能创造出大众的快乐。社会产品因其具有的意义、特性和快乐而被消费①。

"超女"和"快女"的媒体运作模式迎合了大众文化的这种心理倾向，它轻松而不承载过多责任和意义，参与者可以以一种夸张、不计后果、前后矛盾的心态、姿态参与，这样的放纵行为恰恰又放纵了参与者的心情和欲望。从接受规范，到参与互动，再到尽情娱乐，挑战规范，受众在传播领域中享受到的权力日益强大，可以在意义的传播和较量中，寻找自身意义所在，在和媒体创造的符号角色精神交往的同时，获取身份的认同。

可以看到，符号的消费在"超女"和"快女"节目中得到很大体现，传媒消费主义演绎为受众符号狂欢。创造属于自己的意义，以自己的方式解读媒体，以此消费媒介产品。大众以各自不同的方式对媒介角色中所生产和传播的意义和快乐加以阐明，继而生产关于社会经验的认同。消费中的受众，需要在媒体中唤起意义和快乐，在日常生活和媒体产品消费的交接部位创造符号权力，实现社会权力关系中的转移。

三、文化权力让渡及多重价值标准并存诉求

符号权力成为"超女"和"快女"受众手中媒体娱乐的利

① （美）约翰·菲斯克著，杨全强译《解读大众文化》，南京大学出版社 2001 年版，第 5 页。

刃，个人有更多的机会通过媒体来表达自己和消费欲望。在“超女”和“快女”的节目中，大众可以在这个场域中寻找自己的精神期待和需求，“受众的参与是直接扮演自己想象的社会角色，在大众媒体的仪式性形象表演中得到一种替代性的满足”①。应该说，这是媒体在大众的消费过程中，为受众提供的一种虚拟性环境，建构一个意义空间，“就在于提供一种个性化的情感记忆和社会认知，由具有心理替代功能的个性叙事去推广一种有代表性的世俗神话，即满足了人们的渴望心理与渴望行为”②。在这个消费过程中，大众在自己喜欢的参赛角色身上得到符号想象的满足，这种想象越完美，大众就越能得到更高等的身份证明。

这种精神消费的愉悦，吸引受众对于相关媒体角色消费的不间断，使得受众的消费行为始终处在运动过程中。个体解读媒体的意义在一个文本中永远都不是最终确定的结果，文本在社会关系中和互文关系中不断被激活，产生意义。因此这又激发媒体本身持续生产和销售新的文本，延续可以被消费的意义和价值。同时，这也推进了“超女”和“快女”符号生产的流程，让符号意义进入大众日常生活后被规避式甚至冒险式地解读，协助受众既定社会身份和关系得到改变。

文化和社会权力关系在这样的媒介交往中得以变化，固有的主流价值观和专业标准被挑战甚至颠覆。受众在这个过程中，对于文化话语权让渡的期待，以及对于传统标准考量被消解的不抵

---

① 陈卫星：《传播的观念》，人民出版社 2004 年版，第 296 页。

② 同上，第 293 页。

抗乃至欣喜，很大程度上源于在当下风险社会的传播环境下，受众自身陷入由一元语境分化为多元语境、一元化唯一标准过渡到分众式价值体系基础上的生活方式带来的社会困惑。从规避传统，挑战既定标尺，到试图颠覆既有价值的身份行径，让大众文化符号狂欢中的个体同时期待多重文化身份及多元文化意义，可以在既有体系标准模糊化的过程中逐渐被主导性价值观念系统接纳，其进攻式行为带来风险的可能性也可降至较低点。

德国社会学家乌尔里希·贝克（Ulrich Beck）在其著作《风险社会》中首先提出了“风险社会”的概念以及相关理论。“风险有别于危机，如果危机是一个物体或某一状态下具有潜在性的危险，风险则是一个人会被某一种特定危害所伤害的几率，是指事物具有的不确定性对人造成的影响。他认为，风险是一种社会建构。”[①] 风险理论将风险视为现代社会一大特征，甚至把“风险社会”作为一种新的社会形态。基于此，风险，渗透到每一种现代社会的生活方式中，社会个体进入和使用媒体也进入到风险考量的框架中。

从媒介文化的角度来看，风险对于现代社会中的个体而言，是一种在媒介所提供的“拟态环境”[②] 下，寻找自身价值确认和精神体验沟通的可能性系数。因此，一元化语境下的传媒拟态环

① 郭小平、秦志希：《风险传播的悖论——论“风险社会”视域下的新闻报道》，载《江淮论坛》2006年第2期，第129页。

② 沃尔特·李普曼（Walter Lippmann）在其著作《公众舆论》中，论及拟态环境，是指传播媒介经有选择加工后提示给受众的象征性环境，并首次使用“PSEUDO——ENVIROMENGT”。

境对于受众来说，其实是选择一种高风险的媒介交往行为，个体的道德标准以及价值认同很容易因“沉默的螺旋”[①] 而陷入无语境地，既定的一元化标准以压倒性优势占据话语权力中心，任何与之根本观念不符，或者将原有观念边缘化、去权威化的表达都会被质疑直至推翻。从这个意义上讲，受众的传播进入行为收到的是之于个体的“反传播”效果，即无经验沟通、无思想连接、无日常交集。

而以“超女”和“快女”为代表的电视选秀，一直以来，因其标准的模糊化和去权威化被诟病为商业炒作。但从另一个层面看，在多元语境支撑的多元化社会环境下，这样的媒介行为给受众提供了表达多重价值认同的平台。例如前面提到，2009“快女”比赛过程中曾轶可在音乐专业水准方面的备受争议，反而在很大部分“90后”受众中得到坚决的支持，推翻专业标准，坚持自己，其颠覆的姿态被这部分受众认定为支持其的核心理念。从形式上看，无论是作为媒体表现中心人物的曾轶可及其支持者，还是节目中从比赛评委处传达出的认可信息，对于传统的专业标准，都是冒险式的、攻击式的行为；从文化意义看，又恰好是这类冒险式行为让更多分众化的价值认同得以表达、沟通，而表达主体通过媒体进入期求更为多重甚至模糊化的评价标准，进而找到自身价值安全的诉求空间。

---

① 沉默的螺旋理论指出，如果一个人感觉到他的意见是少数的，他会因为害怕被多数一方报复或孤立，而倾向于不把自己的意见表达出来。该理论最早由诺尔-纽曼（Noelle-Neumann）提出。

“超女”和“快女”在节目制作和商业运营背后，不断通过生产并传播媒介符号来巩固媒体的话语权。“超女”和“快女”符号的消费群体是大众，他们消费和解读书写着“自我”的媒体符号，以此表达对主流规范和约束的疏离，对长期强势压抑的一元化标准的规避。在规避的同时，受众还建立起与主流对立、符合民众利益诉求的大众文化体系。这种新兴的符号价值通过不断满足受众个体意义和社会身份的需求，激发起受众对其消费的延续性。在这个周而复始的消费过程中，受众的规避态度延伸出冒险性的攻击行为。考虑到传统一元化语境中失去话语权的高风险，受众对主流规范单纯的规避态度并不能满足他们的精神需求，他们需要在攻击、破旧并重建的过程中得到进一步的安全满足。这种持续的满足感和安全感正是构建长期的媒介产品和媒介文化的考量要素。

第四节　电视影像传播的情感聚合分析

新媒体技术给受众提供的是跳跃的、非线性的传播，快速易逝。“非睡眠时间”更多地被变相占用，媒体原有的伴随性和基于此的情感聚合功能减弱。这让传统电子媒体开始在聚合受众情感方面争夺受众、销售媒介影像商品。其中，基于影像故事化的电视情感类栏目成为一种重要的选择和尝试。

一、电视影像情感类栏目的基本界定

自 90 年代以来，电视情感类栏目在国内日益风行。央视《艺术人生》、《心理访谈》、湖南卫视《真情》、湖南都市频道《寻情记》、北京台《往事》、浙江卫视《涛出心里话》、上海 CHANNEL YOUNG 推出的《心灵花园》等节目先后获收视好评。江苏卫视也于近年打出“情感”的频道品牌战略，在固定时间推出与“情感”主题相关的节目，在其主打新闻节目《1860 新闻眼》中把与情感关联度较大的新闻解读放在重要位置，后来又推出情感访谈栏目《证明》。“情感大戏”已是当下国内电视节目制播收看不能回避的话题，而情感类栏目究竟是依靠煽情和曝光个人情感隐私吸引眼球的炒作案例，还是坚守道德底线、弘扬真情、提供情感帮助平台的节目典范，这成为电视从业者和传播学研究者需要面对的焦点。

对于当前电视情感类栏目，学界业界并没有特别严格的类型定义规范，本文先从节目制作方式、甄选对象、节目类型和收视目标等几方面描述电视情感类栏目的轮廓和内涵。情感，《现代汉语词典》解释为“对外界刺激肯定或否定的心理反应，如喜欢、愤怒、悲伤、恐惧、爱慕、厌恶等”①。从节目制作方式来看，电视情感类栏目选取社会生活中人与人交往状况下的情感冲突为制作切入点，例如生活创伤、曲折爱情等，采用故事化的叙

---

① 中国社会科学院语言研究所词典编辑室编《现代汉语词典》，商务印书馆 2005 年版，第 925 页。

事方式展开交往行为的前因后果，展现在此过程中人物的情感反应和好恶倾向，例如央视《亲密爱人》、江苏卫视《超级调解》。就节目甄选对象而言，此类节目既有社会名流背后不为人知的奋斗经历（如央视《艺术人生》）也有平常百姓的家常琐事（如四川卫视《真情人生》）更有偏离社会主流生活方式和心理情感经验的非常态人物的情感结构再现（如央视的《心理访谈》）。看电视情感类栏目的类型，可谓不拘一格，访谈为主、叙事为主以及新闻现场再现等不同形式的建构方式都可以成为电视情感类栏目的表达手段。至于收视目标，各类情感类栏目以形式各异的节目形态和面貌，亟待自身设置的情感倾向得到受众认同、肯定和褒扬，提供情感求助的平台，以此为基础，进入新一轮节目制作和提升的循环。

以《艺术人生》为例，其宗旨是“用艺术点亮生命，用情感温暖人心，探讨人生真谛，感悟艺术精神”，以“正直品质、极端制作”作为核心理念，以人文关怀的精神，关注中国文化艺术界的重大事件，以强大的制作班底制作完美节目①。成功与失败、事业与家庭、战胜挫折和感悟人生是节目的重要内容，挖掘个人成长中的酸甜苦辣、展现名人舞台下平常人的情感情怀，也是其节目传播的重大任务，而在这个基础上激发起来的观众的情感活动自然也就成为每期节目效果评判的不可或缺的因素。该栏目制片人王铮曾经这样总结，把每位嘉宾的内心世界挖掘到极致，把

① 见 www. cctv. com/program/ysrs，上网时间 2009 年 5 月 10 日。

节目的每一个环节作到极致，把每一个故事作到极致[①]。节目推崇的是细致、细腻，关心的是内心、精神，而庸俗，粗糙，功利则是节目制作团体所鄙夷的。

可以看到，电视情感类栏目未必是某种具备特定或者固定表达形态的节目，也不拘泥于单一标准化的叙事结构。其核心内涵在于节目以展示、阐释社会生活与社会人的情感交往为基本对象，以建立可接收、可沟通的情感规范为基本目标，其共同特征为隶属于私人空间的情感体验通过电视媒体直接进入公共话语领域，被放大、延伸乃至讨论，最终可能经由传播的渠道获得情感甚至道德的肯定、奖励以及惩戒。

二、电视影像情感的市场逻辑及交换行为

探讨电视情感类栏目，不能回避其具备市场经营指向性的属性。著名传播经济学学者、英国人尼古拉斯·加汉姆（Nicholas Garnham）对于传媒作为文化产业的属性、特点以及在生产消费领域中，与其他商业化实体所遵循的一致的市场规则和其独有的特性，做了详尽的分析。他首先着眼于传媒作为一种文化产业，也必须遵循的市场经济规律。在生产和流通中，传媒产业必须实现资源的最有效配置，获取消费的最大需求，这是作为市场链条一员的产业，求得生存发展的起码要求。加汉姆的分析建立在经济学的基本假设上。这一假设建立的充分基础是：理性经济行动者在市场上追求利益最大化；没有一个经济行动者能独自决定生

① 见 www. cctv. com/program/ysrs，上网时间 2009 年 5 月 10 日。

产要素的价格和商品的市场明码价格；消费者有可供选择的替换品；市场进入和退出都无须花费；生产成本被转嫁给消费者，也就是成本涵盖在价格中。确保这样一种市场体系正常运作就要使生产资源实现最有效的配置。没有哪一种资源会用来生产人们买不起的东西，生产者创造的那部分产品价值体现了生产该产品的最低花费，它并不包括从消费者身上榨取的不太合理的利润。由于相互竞争的企业面对的是相互竞争的消费者，既不会出现卖方垄断（即只有一个商家），也不会出现买方垄断（即只有一个消费者），由于最有效率的企业和部门往往可能在最低花费的情况下进入还没有达到饱和的新市场——那里要么将产生新的需求，要么需求还没有得到充分满足，所以只有那些效率最高的企业能生存下来，资金也会相应流入利润最高的领域[①]。

以上的分析明确了几点：(1) 传媒产品要实现资源配置最有效；(2) 这个过程不能让消费者承受过高成本；(3) 要实现最有效的生存，传媒产品的再生产应该建立在最低成本的可持续链条中。基于此，加汉姆指出这样的事实：大多数传媒、大多数信息传播技术的发展和使用主要是生产体系本身的需求推动的。作为文化产业的传媒在市场链条中，传媒产品吸引受众，得到关注，这种关注成为潜在的消费预示，被传媒卖给广告商，传媒以此获得较大的商业利益。这当中，受众的关注可能是出于对未知信息的好奇，也可能是对于传媒产品的情感上的喜欢，而当受众完全

① （英）尼古拉斯·加汉姆著，李岚译《解放·传媒·现代性——关于传媒和社会理论的讨论》，华夏出版社 2004 年版，第 80 页。

被作为商品而加以出售之后，受众主体地位完全丧失，受众的利益以及所有的社会权益自然也无法得到保证，比如受众真实的内心情感等等，均得不到应有的尊重和爱护，反而这些精神层面的隐私，已经全然化作媒体对受众消费能力和潜力的考量指标，由于市场化的要求，媒介首先必须考虑经济利益和自身的生存，受众被广告商操纵的确在所难免。

具体到电视情感类栏目，情感通过电视媒介的社会交换行为和电视节目最终指向的情感规范模式是目前电视情感类栏目制作最为关键的因素。社会学家布劳这样描述一般人类行为成为社会交换行为的两个必备条件：（1）该行为的最终目标需通过与他人互动才能达成。（2）该行为采取了有助于目标实现的手段。这种交换行为，基于行为对象的报答性反应继续或者停止。从功能主义的角度分析，社会交换是个体群体之间的关系、权力产生分化、对抗力量冲突与合作的变换、社区成员之间间接的联系与亲密依恋关系转化的基础。从个体行为和社会结构关系来讲，布劳认为，社会的微观结构起源于个体期待社会报酬而发生的交换。个体之所以相互交往，是因为他们都从相互交往中通过交换得到了某些需要的东西。在这个理论基础上，作为以情感为主题的电视节目，即以个体情感为交换行为的重要内容。通过节目中情感关系和矛盾的彰显，节目参与者，媒介主持人以及电视受众进行集体性的经验交换，以确定情感的亲疏，寻找个体体验的团体归属。

从经济学的角度看，交换行为不会脱离行为结果带来的报酬独立存在，以情感为主题的精神交换行为也不例外。布劳指明和交换行为相关的两种社会报酬：内在性报酬和外在性报酬。内在性报酬，即从社会交往关系本身中取得的报酬，如乐趣、社会赞同、爱、感激等，情感性因素占据主导位置。外在性报酬，即在社会交往关系之外取得的报酬，如金钱、商品、帮助、服从等，物质性要素占据优势地位。在此基础上，社会交换可以分为三种形式：其一，内在性报酬社会交换。交换中的行为者把交往过程本身作为目的。其二，外在性报酬社会交换。行为者把交往过程看作是实现更远目标的手段。其三，混合性的社会交换。这种交换集前二者为一体。从这个意义上讲，电视情感类栏目的交换行为首先包括寻求内在性报酬的交换，节目当事人的情感流露行为本身就成为节目最终目标之一，例如获取爱、温暖，表达感恩等等。其次，将收视率作为衡量节目质量标准的周期性节目，商业回报是不可回避的报酬期待。

从传播学的角度讲，电视节目传播常常充当生活要素选择者和创造者的角色。对受众而言，经长期影响可能会形成与这种文化相符合的社会观、价值观。传播学者德弗勒提出“文化规范论”，指出大众媒体发出的信息能够间接影响大众的道德规范架构，使得大众据此解释社会事实，表达个体主张。《心理访谈》倚重嘉宾与持人之间的心灵沟通，借以构建具指导性优势的社会个人心理调节模式。《1860 新闻眼》中家长里短的情感纠结，经由记者和相关专家的行为介入，彰显社会传统道德认同结构可见一斑。四川卫视《真情人生》节目设置中，现场观众对于嘉宾情感事件纠葛的明确褒贬是其节目录制当中十分重要的环节。栏目本身录制过程的议程设置以及主持人或者现场观众当场表达的认同、反对、中立、冷漠等等情感结论，都会对观看此类栏目的受众产生观念影响，使其将个体习以为常的生活经验评判与之对照，进而重新审视自身的情感构造，或坚持，或困惑，或改变。而之于栏目制作方，以上所述环节是否打动相关受众，便是各档情感类栏目维持相对稳定收视的基石，即进入以下行为逻辑环节：情感主打－打动目标受众→收视稳定→循环加入情感制作元素→广告收入→推动栏目进一步发展。更有甚者，在栏目设置中引入测谎仪，以确认进入节目录制的个体的情感真实性。可见，当前电视情感类栏目生存发展陷入一种实现道德宏大理想和遵循商业逻辑行为的双重境地。

三、影像商业目标和道德理想的悖论

基于以上交换行为的分析，来考察国内电视情感类栏目赖以生存的经济环境以及节目本身的属性和特质。毋庸置疑，电视情感类节目是电视媒介的产品，是电视媒介提供的精神产品。而作为特殊的精神产品，它也具备经济商业性质。经济学规律指出，供给和需求的相互作用促成了社会经济的发展，市场经济条件下，作为精神产品生产者的电视媒介，必然要参与到社会总供给和社会总需求的相互运动中，通过每天获取电视资源，生产制造出观众喜闻乐见的电视节目以供消费者享用①。在这个市场经济链条中，以栏目形式生存和出现的情感类栏目，必然也不能回避和逃脱这个经济运作规律，即栏目制作必须获得作为消费者的受

① 吴克宇：《电视媒介经济学》，华夏出版社2004年版，第20页。

众注意力的消费主义逻辑。

另一位传播政治经济学者斯迈兹早就指出，商业电视所做的，就是将潜在的消费者卖给广告商，而电视节目则是吸引观众坐到电视机前看广告的必要手段。在这个基础上，他把电视理解为受到了“双重连接”（doubly articulated），即不仅信息本身被消费，它同时也促进了消费。电视通过其综合信息，带来更有消费潜力的新闻，而在某些情况下，凭借电视的交互能力，消费决策得以传播，商品也可以预订①。斯迈兹的理论带给我们这样一个概念，即电视节目和受众之间的互动，已经不仅仅是精神层面的纯粹交往，而是受助于潜在的商业动力。对于电视节目的解读，被动接受也好，反抗阅读也好，即便处于完全意识形态的动因，也会带来商业、经济上的直接后果。受众的喜欢或者不喜欢，直指节目本身吸引观众注意力多寡，其收视结果便影响到广告商的投入和节目的生存问题，所以，一档电视栏目，在其提倡的精神理想背后，不可能没有经济生存底线作为基础，抛开在商业环境下谋求生存发展的市场规则，空谈道德理想和精神境界也是不现实的。

在我国以前的计划经济体制下，电视媒介是作为非营利性的公共性质的事业单位存在的，是党的宣传工具与社会公益事业的重要组成部分，其运作所需要的全部关于电视媒介的全部资金，设备以及从业人员的工资福利等，完全依靠各级政府的财政拨

① 罗钢、王忠忱主编《消费文化读本》，中国社会科学出版社 2003 年版，第 485 页。

款，不播放商业广告，也基本上不进行节目买卖①。应该说，在计划经济体制下的我国电视节目，是不可以用上面提到的商业电视的经济推动内力和围绕消费行为进行的生产逻辑来分析的。此体制下的各级电视台的重要职能就是宣传教育，以节目交流的形式来弥补电视节目资源的不足，同时按照行政级别决定各级电视台享用国家资源的顺序和份额。节目的生产和消费问题，即节目制作和播出效果，是没有放在真正意义的市场环境中考量的，仅仅是作为行政指令以及指定任务完成度的面貌出现。不过到了1985年4月，经由国务院批转的《国家统计局关于第三产业的统计报告》，第一次将广播电视事业列为第三产业。1992年6月，中共中央、国务院颁布了《关于加快第三产业发展的决定》，要求第三产业机构“做到自主经营、自负盈亏，现有的大部分福利型、公益型和事业型第三产业单位向经营型转变，实行企业化管理”。1998年第九届全国人大第一次会议明确指出，国家今后对包括广播电视在内的大多数事业单位，要逐步减少拨款的1/3，三年后这些单位要实行自收自支。这意味着广播电视事业要全部推向市场②。到了2003年，根据国家税务总局《关于广播电视事业单位征收企业所得税若干问题的通知》规定，广播电视事业单位的广告收入和有线电视费收入开始作为应纳税收入③。由上可以明显看到，从事业单位到成为第三产业，实行事业单位企业化

① 吴克宇：《电视媒介经济学》，华夏出版社2004年版，第51页。

② 同上，第52页。

③ 同上，第55页。

管理，从依靠财政拨款到自负盈亏，依法纳税，我国的电视媒介已经进入市场轨道，当下的电视栏目的制作运营不能不说是商业化的。

在这个前提下，重新将电视情感类节目置于媒介生产和受众消费的动态循环中来分析。从受众或者是观众层面看，在众多的情感类栏目中，《艺术人生》应该是我国电视栏目中较早进行观众策划的栏目，很多电视人都承认，这是当初栏目策划的极大创新和成功。《艺术人生》针对每期嘉宾，提前在节目预告和该栏目网页上播出，刊登对于特定范围的"邀请函"，征集和每期嘉宾有着特别感情的观众，带着与嘉宾相关的故事、体验、感受或者纪念品参与节目的录制。这个环节的实施，通常以电话、网络报名的方式进行。在热线报名过程中，栏目组工作人员会从中挖掘观众与嘉宾之间的情感故事，比如对成长历程的影响，或者人生道路的转变等，并以故事的独特性乃至感人程度作为挑选现场观众的重要标准。

可以说，对固定观众的策划以及对其现场的引导是《艺术人生》栏目制作的非常重要的环节，直接影响到栏目录制和播出的效果，即观众已经直接进入到了这个谈话节目的生产制作流程中。这样的制作方式后来也被诸多的情感类栏目借用和发展。回到前面斯迈兹的注意力理论，作为一档生存发展同收视率紧密相关的电视栏目，以《艺术人生》为典型的情感类栏目，和任一面向市场的电视栏目一样，势必需要用精彩好看的节目吸引观众的注意力，获取居高的收视率，赢得广告商的青睐，开拓栏目更大的发展空间。区别在于，在这个过程中，观众真实而宝贵的私人情感在受众并非直接察觉的情况下，被动而不自觉地进入栏目生产流水线，成为栏目本身的一部分，还是极其重要的一部分，甚至是最为吸引另一部分未到现场的电视观众注意力的元素。

与此同时，各情感类栏目访谈着力围绕鲜为人知的家庭亲情故事轴心进行叙事，辅以嘉宾在无思想准备情况下，或者说在其未必情愿的状况下，在现场经电视手段（大屏幕播放事先拍好的短片等）接受其亲人或好友的祝福等环节，来展示嘉宾的内心世界（如嘉宾难以控制情绪而落泪等）。从另外一个角度说，节目制作方通过用电视手段集中、引导、设计和展现了观众和嘉宾息息相关的情感，再依靠这种实际上属于私人领域的精神交往获得更大公共空间的关注和共鸣。就媒介生产来讲，属于纯粹精神层面的情感交流活动的确是这个节目的重要生产内容，而这样的内容既有嘉宾、观众的真实情感，也有经由电视手段预定、加工、设计的虚拟成分。四川卫视《真情人生》节目访谈过程中，常插入基于某种情感冲突事件的道歉等环节，嘉宾内心情感波动是节目录制、镜头捕捉的要点，通过人物面部表情特写传达某种特定情感叙事和定位的目标。

当一种情感交流成为节目的显要标志，而节目本身又不能脱离市场而独立存在，并且还需要凭借前后一致的节目特性以及稳固的观众群长期发展壮大时，这样的情感活动必然将作为例行的、长期的、极少变更的“程序”和内容存在且支撑节目的生存。电视观众在观看节目时，一方面在这种情感活动中被打动，“消费”情感；一方面自身也成为其中一分子，提升了节目的被关注度，促进又一个环节的消费，即节目中间插播的广告所代表的广告商的产品的被推出、关注和强化。这样一来，便形成以下的逻辑，情感类栏目需要讲述的是节目主题当事人的心路历程，需要感悟的是历程中的人生真谛，需要传达的是缕缕真情，作为标志性产物，每期节目必须基本囊括这些内容，没有这些，就失去了情感类栏目区别于其他节目的显著特性，同时也失去收视率及大量观众的注意力；另一方面，情感之所以可以打动人，又恰恰在于它的自然流露和不可设计性。于是产生这么一个悖论，情感是该节目的精神核心，是节目体现真实真情定位的支柱，但同时情感被设计、被固定、被规范和程序化，被纳入类似影视剧本情感策划的框架中，成为进入市场商业环节的“主打产品”，而以真人真事为基础的电视情感类栏目毕竟不同于影视剧本演绎，它必须以真实、尊重和自然为基本，节目制作者在此过程中要想完美演绎商业成功和精神境界升华是极其艰难的。问题的关键还在于，只有真正正视当下电视情感类栏目的商业逻辑，正视其生存发展的市场环境，才可能解决栏目周期性的问题，倘若一面回避我国电视节目的实际生存环境，一面空谈节目承载的道德导向任务，是非常不现实的。

第四章
传播权力和意识形态

第一节　传播思潮传统

一、传播思潮

传播过程中，传统方式的效果直接作用于社会精神层面的诸多改变，即为社会思潮的形成和固定。所谓“思潮”，从字面上来看，思，常用的意思有：思考、想，比如深思、寻思、多思；思念、怀念、想念，比如思家；思路，比如文思[①]。从这三种解释来看，思，代表一种思维行动和方式，并以观念的形式存在。潮，其主要释义有：潮汐，也指潮水，比喻大规模的社会变动或运动发展的起伏形势，比如思潮[②]。根据意思，潮，是以运动、

---

① 中国社会科学院语言研究所词典编辑室编《现代汉语词典》，商务印书馆1979年版，第1074页。

② 同上，第126页。

变化的形式存在的，并且具有一定的规模和规律。思潮，解释为：某一时期内在某一阶级或阶层中反映当时社会政治情况而有较大影响的思想潮流，比如文艺思潮；接二连三的思想活动，比如思潮起伏、思潮澎湃等①。由此看出，思潮，首先是一个属于一定时间周期的范畴，在这个时间范畴里，它又具有持续性，呈波浪式起伏，同时，它又是在特定政治经济范围内有着相当影响力的观念，可能在特定时间内左右特定阶层的价值、意识。所以，思潮在一定程度上，作为一种观念形态，是在某一共同领域内，在一定的社会历史条件下形成的、具有某种基本一致的思想倾向性，并拥有广泛社会群众基础和影响力的思想潮流②。从它的存在形态、特征和社会功效来看，思潮的一般特征为：第一，开放性。每一种思潮，都是一个开放的、富有争议的问题领域，甚至常常没有一个结论性的论断，它可以广泛地蕴涵于社会、人文和自然科学等各学科领域中，而又不为任何一门具体学科所专断、独享，这说明，思潮是具有学科交叉性质的。第二，宽泛性。一种思潮往往没有专门的学术研究传统，没有定义清晰的概念系统，也不会有非常严格意义上的完整的理论框架，更说不上特定的方法论，因此，它或许不同于规范的学说，也不同于确定的学派。它不是“……论”、“……说”。可能的话，一种思潮同时或先后拥有过诸多理论、学说和派别，从这点上可以讲，思潮

① 中国社会科学院语言研究所词典编辑室编《现代汉语词典》，商务印书馆1979年版，第1074页。

② 李智：《全球化时代的国际思潮》，新华出版社2003年版，第1页。

在包容人文社会科学多个研究领域时，没有特别的学术理论边界。第三，思想导向性。正因为思潮没有完全理论化和系统化，甚至处于自发、未定型的社会心理层面而成为日常的、普通的社会意识，它往往更容易为大众接受，也是因为思潮的这种大众性和基础性，又往往对论域内的各种理论起着潜移默化的导向作用，所以，思潮的发生、发展都是在运动中产生的，这样的运动，是一种观念的运动，一种观念的相互影响和相互作用，其中，往往会出现在某一时期，某一种观念逐渐取得意识形态中的优势地位，而主导其他观念的现象①。而社会思潮，又将思潮同一定的经济基础和上层建筑，同由于共同物质条件而互相联系起来的人群联系在一起，和社会的历史条件、政治经济状况以及道德意识，甚至宗教哲学观点紧密相关，它是与社会结构变迁、社会发展和社会生活演变相伴随的观念性的社会现象。社会思潮的形成通常与社会变迁的长期积累和比较重大的社会变迁有关。当然，这里所说的社会变迁，不仅指政治变革，也包括经济、科技革命、国际关系格局的变动等等。有时候，所谓“重大变迁”也不一定指一个确切的事件，未必有着直接明显的时间空间和发生始末的规范范畴，它可能是一个逐渐积累的过程，是一个社会政治经济生活显性或者隐性变化的过程，在这种过程中，或大或小的社会思潮都有可能酝酿、形成，因为任何对社会生活具备影响力的社会结构变迁和社会生活变化都有可能引起观念上的反映，形成观点、理论，引发某种思想倾向或情绪。而当这样的思想倾

① 李智：《全球化时代的国际思潮》，新华出版社 2003 年版，第 1—2 页。

向或者情绪逐步形成系统、体系后，对社会的经济、政治生活就会产生强烈反响，导致社会观念的震荡和变革，进而会演变为思想运动，如梁启超所说，“凡时代思潮，无不由‘继续的群众运动’而成”①。

从对思潮到社会思潮的分析，不难看出，社会思潮是社会意识的一种综合表现形式，在形态上，它有一定的理论形态，同时还交织着广泛的社会心理因素。社会思潮涵盖从普通意识到理论意识以及介乎二者之间的处于转化层次中的中介意识。从构成的结构和形成过程来看，社会思潮首先涉及社会心理因素。梁启超说：“今之恒言，曰‘时代思潮’。此其语最妙于形容。凡文化发展之国，其国民于一时期中，因环境之变迁，与夫心理之感召，不期而思想之进路同趋于一方向，于是相与呼应汹涌，如潮然。”② 社会环境的变迁，社会心理对此的感受和应召，是推动社会思潮形成的基础，继而社会心理针对一定时期内社会经济、政治生活中突出矛盾做出反应，形成特定背景下社会心理与社会意识形态的矛盾冲突。在社会思潮的发生问题上，有学者指出，一般情况下，当社会处于正常发展阶段或相对平稳的时期时，社会的信息反馈机制还比较完善，占统治地位的意识形态也能够比较充分地反映绝大多数社会成员的利益，因而很少有社会思潮产生。反之，当社会面临重大转轨时期，社会的信息反馈机制严重失调，旧的意识形态已不能也来不及吸收和处理来自基层的社会

① 梁启超：《清代学术概论》，中华书局 1954 年版，第 1 页。
② 同上。

信息，势必造成社会潜意识的大量产生和郁积，无法和原有的思想意识进行有效的交流和融合。在新旧思想观念的交锋中，自然有一些相对而言更能够对当时社会变迁做出较符合时代要求解释的思想观点，作为新意识形态的缘起或者启蒙的潜在社会心理因素出现，“其中必有一种或数种之共通观念焉，同根据之为思想之出发点”①。这些潜隐的社会心理因素，既是社会思潮产生和存在的前提和基础，又是社会思潮的基本构成因素。

二、“熵”、社会变迁、社会思潮

对于一种社会控制机构的存在而言，传播直指社会变迁，变迁的过程即为“熵”的变量不断转换。有社会的变迁，便有随着变化的社会心理，或者是潜在的意识，进而促成社会思潮产生。我们仍然可以从社会存在和社会意识、经济基础和上层建筑的关系来讨论这个问题。当一种新的社会制度刚刚确立时，新的意识形态是与新型经济关系相适应的。意识形态一经形成，便具有相对稳定性，特别是占据统治地位以后，更会受到政治上层建筑的维护，其特性就已经从开始的相对稳定性转向了相对稳固性，与此同时，时刻变化着的社会存在随时引起社会心理的变化和发展，因此，相对稳固的社会意识形态和变化发展着的社会心理就会产生隔阂和分离。随着社会经济生活的变化，社会心理的不一致可能加剧，社会潜意识与意识形态的对抗会变得突出和尖锐化，势必会引起更大的社会心理震荡，同时需要得到观念上的释

① 梁启超：《清代学术概论》，中华书局1954年版，第1页。

放和解答。在意识形态来不及甚至不可能加以吸收和处理的情况下，诸种社会心理涌动、凝聚并迅即转化为社会思潮。梁启超认为："凡'思'非皆能成'潮'；能成'潮'者，则其'思'必有相当之价值，而又适合于其时代之要求也。凡'时代'非皆有'思潮'；有思潮之时代，必文化昂进之时代也。"[①] 这是说，社会思潮的形成是有要求的：首先，处在"文化昂进"的时代变革中，其次，还有一个从"思"到"潮"的转变，这个转变中，"思"必须具备相当的价值，符合时代的要求，可理解为，在时代的政治经济变革、文化思想碰撞当中，所思，是能反映社会当下面临的问题和矛盾的，成"潮"者，是思想观念汇聚成流，试图解答疑问和解决矛盾的。

但社会思潮的直接社会心理基础不是社会普通心理，而是社会潜意识。这里提到社会心理，心理学把社会心理分为"显"与"隐"两个层次，即社会普通心理与社会潜意识。社会普通心理属于显性的社会心理，是对处于变化状态中的社会存在的诸多心理因素的概括和表达，之所以称之为显性的社会心理部分，就在于它可以通过某种方式传达出来，或者明白地被感知。而社会潜意识则是对于缺乏公开表达条件的受到压抑和抑制的诸种社会心理因素的概括和反映，作为一类思想、观念的活动，它已经活跃在社会个体或者群体当中，只是没有传达于众，或是需要传达但却由于很多原因未能传达。社会潜意识可进一步划分为三个基本层次：由于非合理压抑而造成的不能公开直接表达的那些社会心

① 梁启超：《清代学术概论》，中华书局1954年版，第1页。

理，属于被动不能公开的心理活动和表达；由于自觉性抑制而造成的不愿公开直接表达的那些社会心理，属于有意识地自我抑制或者压抑的心理活动和表达；由于历史文化积淀而造成的自发地支配人的思想和行为的社会心理，属于由于社会成员受到所属文化限制而难以突破造成的心理抑制，可能是自主的，也可能是不自觉的。

从意识主体的角度，社会潜意识又区分为个体潜意识与群体潜意识。个体潜意识是通过个人独特的经历和阅历而形成的带有社会性的潜意识；群体潜意识是一定的社会共同体（阶级、集团、政党、民族等）所共有的潜意识。在诸种群体潜意识当中，民族潜意识是一种具有普遍意义的社会潜意识。它主要是一定民族在其形成与发展过程中由社会压抑和历史文化积淀而造成的各种潜隐的民族心理因素①。为什么说社会潜意识是社会思潮产生的直接社会心理基础？从上面对社会潜意识的几个层次的划分也可以看出，社会潜意识是初始阶段的社会心理活动，尽管很大程度上，这种心理活动自知或者不自知，自觉或者不自觉，不成体系并且没有公开，当它与意识形态产生背离和冲突时，就为社会思潮的产生提供了契机。

三、社会思潮与传播主流意识形态

由“微”而“著”，即从社会潜意识→社会普通心理→社会

① 王家忠：《社会思潮的起源、作用及发展趋势探析》，载《齐鲁学刊》1997年第2期。

思潮，这是从过程上来讲的，当社会经济结构需要或者已经变革的时候，首先在社会心理中得到反映，产生各种情绪、愿望和要求，这些心理如果不能以某种形式公开表达出来，便会受到压抑和抑制，形成更大范围内的心理活动，寻求情绪、愿望和要求的突破口。随着社会变革的进一步加剧，当新旧体制转轨的时刻，郁积已久的社会潜意识迅速涌动、凝聚，终于酿成社会思潮。可见，社会思潮的产生也有一个由矛盾潜在到矛盾展开、激化，由量的积累到引发突变的过程，这是一个从还处于朴素甚至不自觉的社会心理到比较稳定和成熟的社会意识形式的变化过程。社会思潮是多种社会因素和诸种社会力量综合作用的产物，它是居于普通意识与理论意识之间的一种中介意识层次，将潜隐的意识因素加以概括和提炼，形成一定的思想体系，在社会上进行传播，引起广泛的共鸣，从而形成社会思潮，所以社会思潮的发生发展过程实际上也是以社会思潮作为纽带，对社会潜意识进行不断地沟通、理解、调适、归纳和总结，使其实现向意识形态的转化的过程。前面提到，社会思潮的中介地位，决定着其在社会心理与社会意识形态之间起着承上启下的作用。社会心理尤其是社会潜意识需要通过社会思潮的中介才能找到观念的表达出口，受压抑愈深，暴发愈烈，而因为社会潜意识的形成机制及其性质，比如它的不确定性或者自发性以及不成体系的松散性，又都决定了其在当时的社会条件下不可能直接地实现向意识形态转化。社会思潮的酝酿和涌现，才能使潜隐的意识因素大量地喷发出来，从情绪的潜流形成观念的浪潮。

一种社会思潮形成之后，就从一定角度使社会潜意识因素由

“隐”向“显”转化，由感性向理性提升，从而更加集中剧烈地冲击意识形态，并为意识形态的变革与完善、社会问题的解答和观念冲突的解决提供各种材料，在社会思潮的形成、涌动中，社会意识形态的变化也自然熔铸、沉淀到社会心理特别是社会潜意识之中，因为它只有沉淀到社会心理之中化作人们的行为动机和内心信念，才能更好地发挥其作用。社会思潮使社会心理中潜隐的意识因素明朗化、理性化，因此，一种社会思潮形成之后就在意识形态与社会潜意识之间搭起一座桥梁，使它们之间相互撞击、理解和沟通。新的社会思潮不断冲击原有的社会意识形态，而随之调整的意识形态就通过社会思潮得以传播和扩大影响，并逐渐沉淀到社会心理之中，形成人们的社会心理定势来支配人们的思想和行为。社会意识形态也正是借助于对社会思潮的调控和引导，间接地制约和影响着社会潜意识的存在和发展①。

既然是一个动态的运动过程，任何社会思潮也都有一个产生、发展和消亡的过程。梁启超曾将思潮“例分四期”（启蒙、全盛、蜕分、衰落），其依据是所谓“佛说一切流转相，例分四期。曰：生、住、异、灭”②。社会潜在意识的萌动，经过梳理归纳，形成在一定范围内具有影响力的观念，逐渐从未被察觉到涌起思想浪潮，再经过与原有观念的交锋，更新意识形态，期求更能达到对当前社会变化做出合理解释的目标，“始焉其势甚微，

① 王家忠：《社会思潮的起源、作用及发展趋势探析》，载《齐鲁学刊》1997年第2期。

② 梁启超：《清代学术概论》，中华书局1954年版，第5页。

几莫之觉。侵假而涨——涨——涨，而达于满度，过时焉则落，以渐至于衰熄”[1]。最开始，是社会思潮的潜伏启蒙阶段，社会结构面临或者正在经历变革，原有社会意识形态来不及做出反应，社会潜意识大量产生和郁积，社会思潮处于酝酿形成之中，继而，社会思潮纷纷涌现，思想派别林立对峙，最后，社会思潮发生分化，或者上升为意识形态，或者融汇成社会普通心理，或者沉淀为社会潜意识，进入蜕分衰落阶段。

从对社会思潮的形成发展分析，我们可以归纳出社会思潮的一些特性。首先，社会思潮具有社会性和群体性。社会思潮既然是在社会关系、社会结构的变革中反映特定环境中人们某种要求、愿望，并对社会生活有广泛影响的思想趋势或倾向，必然就和社会群体密不可分。旧的占统治地位的意识形态和社会正统心理已不能充分表达人们的合理愿望和要求，乃至成为人们解放思想、变革社会的严重障碍，在压抑和寻求突破的过程中，社会的离心倾向逐渐增强，各种观念、情绪在一定群体乃至社会范围内传播和凝聚，而观念情绪的焦点则大多是新面临的社会问题，与当时社会政治经济生活有密切联系。各种社会群体逐渐形成共同的群体潜意识，这种群体潜意识涌动、凝聚，在特定背景下便迅即转化为社会思潮[2]。其次，社会思潮存在叛逆性和民间性。在社会意识内部，社会普通心理与占统治地位的意识形态相适应，

---

① 梁启超：《清代学术概论》，中华书局1954年版，第5页。

② 王家忠：《社会思潮的起源、作用及发展趋势探析》，载《齐鲁学刊》1997年第2期。

构成了一定社会中主导的、肯定的意识层面，社会潜意识与社会思潮相一致，构成否定的意识层面，二者相互对立、作用和转化，推动社会意识发展。社会思潮之所以具有鲜明的叛逆性和民间性，主要是由它赖以产生的感性思想来源——社会潜意识所决定的。前面已经提到，具有群体性的社会潜意识之所以会产生，是因为在社会变革时期，旧意识形态和正统社会心理反应滞后，表现出其保守性、僵化性和缺失性，社会潜意识为求及时解决观念上的问题，总是程度不同地与占统治地位的意识形态和社会正统心理相隔阂、背离和冲突。

在此基础上形成的社会思潮必然带有冲击力，与占统治地位的原有意识形态背离，自然是民间的、在野的甚至是叛逆的。再次，社会思潮具有民族性和时代性。一个民族在一定时代之所以会产生某种社会思潮，首先是由于本民族的经济政治关系和精神文化生活的变化而引起的，这个变化可能是该民族政治经济生活本身的发展引起的，也可能是受到外来思潮引发的，不管怎样，这种社会思潮也正是对该民族特定的社会存在及其变革的敏感反映。一定民族的群体潜意识，与这个民族的民族特性息息相关，形成什么样的社会思潮，和民族群体潜意识分不开。一定民族的成员自觉不自觉地从本民族的群体潜意识出发，来理解和思考社会变革中的种种问题，也据此来接纳其他民族思想文化和外来的社会思潮，使其打上本民族的烙印。同时，一个民族面临社会转型时，必然面对文化的碰撞与选择，社会思潮正是特定时代文化撞击的产物，对社会思潮的考察与理解，若脱离特定时代的社会历史环境及其直接反映的社会心理状况，是不足取的[1]。

从另外一个角度来说，传播所形成的社会思潮又是理论形态和非理论形态的统一，尤其在传统媒体的传播时期。如前所述，社会思潮既有思想体系的特点，是对很多民间心理的归纳提升，同时又始终与变化着的不系统、不定型的社会情绪观念联系在一起，不断进行自我更新。任何社会思潮都涉及了社会心理和社会意识形态两个层面，对社会生活的变化能够产生即时反应，对特定人群的情感和愿望能够表达和传达，以一定的思想理论作主导，又与人们的社会心理相结合，它们既反映了人们的情感需求、观念愿望，又直接影响人群的心理变化，引导调整社会心理。社会思潮，总要在一定领域、范围内为一定阶层或集团的人们所认同和接受。这就是社会思潮的社会共鸣性。社会思潮所以能引起社会共鸣，与其价值取向的目标性分不开。一种思想只有和相当数量社会成员追求的目标相关从而引起社会中相当数量人们的注意时，才能形成具有吸引力的思潮。

社会传播的目的在于观念的个体内化。作为社会思潮，必须得到相当程度的社会承认，在一定范围内得以传播，并在相当程度上为社会个体所接受并转化为其思想、情绪、意愿、兴趣和需要等。从心理学上分析，个体接受某种思想即是外来思想的内化。这种内化是双重的：既有理性的，也有情感的。理性的内化是对理论的接受。这种内化需要主体的自觉和相当的背景知识；

① 王家忠：《社会思潮的起源、作用及发展趋势探析》，载《齐鲁学刊》1997 年第 2 期。

缺乏自觉或没有相当背景知识的主体，很难实现理性的内化。情感的内化则是对个别、零碎观点的感应，或者说感情上的吻合，既不需要主体的自觉，也无须背景知识，因而具有相当的普及性、突发性和冲动性。社会思潮的共鸣需要理性的内化，也需要情感的内化，因此，社会思潮一旦形成就不仅是理论，而且必然掺杂着大量的情感、意愿，必然是融理论形态与心理形态为一体的思想潮流①。

在人类社会生活当中，不时涌动着社会思潮的波澜，它们是变动着的社会生活的精神之流，是一定时期在某一社会得到广泛传播并对社会生活具有某种程度影响的思想趋势或思想潮流。作为一种社会意识现象，社会思潮能够反映一定时代社会生活中的矛盾焦点，展现一定历史发展阶段的特点。它从一个层面反映社会生活的变化，对人们的精神及社会发展产生性质不同、程度不等的影响。社会思潮是社会意识的一个重要现象，它在任何社会和任何时代都存在，特别是在社会大变动、大变革时期，各种社会思潮尤为突出和活跃。例如我国当下处于从传统农业社会向工业社会和后工业社会、从计划经济体制向社会主义市场经济体制转型时期，社会信息量空前膨胀，社会和传播生态正进行着一场深刻的变革，新媒体的传播是否能够再次在很大范围内激发各种社会思潮激荡和碰撞？新媒体的传播是否还能经由传播震荡而起的思潮改变社会？占据主导地位的思潮所代表的媒介霸权是否依然存在？我们可以由此洞察到社会传播的现状及其影响。

---

① 邢贲思、江涛：《当代西方思潮评析》，载《中国社会科学》2000 年第 1 期。

第二节　媒介霸权理论

一、传播意识形态的自我虚幻性

媒介霸权理论，指涉媒介信息传播中的文化权力和意识形态的分析，围绕着媒介承载信息背后之意识形态渗透方式的变化而展开。本文追溯霸权理论核心概念——意识形态的理论来源，考察其在不同时期于理论界的意识理念变迁，梳理意识形态之于媒介意义生产和观念霸权形成的功能及方式。

Ideology，意识形态，据雷蒙·威廉斯（Raymond Williams）考证，l796 年出现在英文里，直接从法文的一个新词 iddlogie 翻译而来，法国理性主义哲学家特拉西（DestuttdeTracy）首先提出这个名词。1797 年泰勒（Tayler）提出，意识形态，或称作思想的科学，其目的是区分其与古代形而上学的不同。意识形态此时是和科学联系在一起的，具有这种科学意涵的意识形态，在知识论及语言学理论中一直被使用，直到 19 世纪末才停止。19 世纪时，意识形态被视为一组观念，而这组观念是源自某些特定的物质利益，主要指源自于特定的阶级或群体的物质利益。19 世纪初，一些保守派思想家将意识形态视为贬义词，而马克思与恩格斯在其著作《德意志意识形态》中将其贬义意蕴普及化。对于之前拿破仑的认为意识形态为“有关人类心灵及历史教训的知识”的看法，马、恩觉得不是十分明确。马克思与恩格斯提到，意识形态是和观念相关的，个人的观念，或者是社会的主导的观念，当他们提到某一个时期的主导观念（ruling ideas）时认为，观念不过是以理想的方式表达支配性的物质关系，即是说，这种观念未必是现实的，未必是适合现实状况的，有一种预期性和理想规范性，并且主导观念是与政治上的支配权相对应出现的。恩格斯在提到意识形态的起源时认为，当人们对一论点无法充分了解时，便会产生意识形态：一种上下错置的现实版本。

为什么说是上下错置呢？恩格斯在这里指出的是意识形态的自我性和虚幻性，以及很多时候意识形态和现实社会环境的不吻合状态。如果在全部意识形态中，人们和他们所处的情境就像“暗箱”（camera obscura）中一样上下颠倒，那么这种现象也是出于人们生活的历史过程（historical life process），这里恩格斯强调人们的生活经历对于形成意识形态的重要性，并作出了恰当的比喻：正如物像在网膜的倒影是直接从人们生活的物理过程（physical life process）中产生的一样。“任何意识形态一经产生，就与现有的观念材料（concept material）相结合而发展起来，并且对这些材料做进一步加工；不然它就不是意识形态——也就是说，只是把思想当作独立体，独立地发展，且仅服从自身规律，就不属于意识形态。人的思维过程是在脑中进行，然而最终决定这种思考行为的是人们所处的物质环境。”[①] 这段话说得很清楚，意识形态是不可能离开人生活的环境和经历而自然产生的，这些

① （英）雷蒙·威廉斯著，刘建基译《关键词——文化与社会的词汇》，生活·读书·新知三联书店 2005 年版，第 218 页。

是它形成的物质基础。恩格斯还认为，当人们了解到他们的实际生活状况及真正动机时，意识形态便会终止，之后，他们的意识就会变得真正具有科学性，因为他们就会接触到现实。从这点上讲，意识形态在恩格斯的眼中，甚至还包括诸多不确定因素。所以，意识形态形成之后的推广过程，也是持此意识形态的思想家通过意识形塑他人的一种过程，尽管这种意识是一种虚妄的意识。

意识形态因而是抽象、虚假的思想。雷蒙·威廉斯提到，这种将意识形态视为幻象、虚假意识、上下错置之现实、非现实等意蕴，在马克思与恩格斯的作品中很普遍。但列宁的相关论述却并不带有幻象与虚假意识之意蕴。列宁认为意识形态是有阶级性的，每一种类的意识形态是指适合那种阶级的观念体系。一种意识形态可能被认定为正确、先进，以便对抗其他的意识形态。在列宁的论述中，我们可以看到，意识形态与阶级斗争或者说是敌对的政治斗争已然结合在一起，甚至是以一种斗争的方式和形态出现的，它作为观念体系的政治归属性也一目了然。列宁用另外一种假设阐明了他认为观念与意识形态幻象与虚假意识的观点，比如可能某种意识形态代表敌对阶级但实际真正表达自身阶级的利益，对于人类的广泛利益而言，却是虚假的。

因此，早期的意蕴依然和某种阶级特色联在一起："社会主义是无产阶级斗争的意识形态；就此而言，社会主义经历了意识形态的一般过程——诞生、发展与强化。换言之，它是建立在所有人类知识的物质基础上，它预先假定高级的科学存在，它需要科学性的工作……无产阶级斗争是根据资本主义的关系自然而然所发展出的一种力量。在这种阶级斗争里，社会主义借由意识形态得以现形。因此现在有‘无产阶级意识形态’或‘中产阶级意识形态’等各种意识形态。”①

二、主导意识形态获取霸权的合法性讨论

如果说工业社会是一种大众社会，那么就有主导意识形态如何在社会中获得合法性的讨论存在。对于这个问题的提出，著名的答案有两个。一个是哈贝马斯（G·Habermas）的“公共领域”理论，一个是安东尼·葛兰西（Antonio Gramsci）的“霸权”理论。所谓“公共领域”，是指社会生活中的一个领域，在领域中，像公共意见这样的事物可以形成。它原则上向所有公民开放，它的一部分由各种对话组成，在这些对话中，作为私人的人们来到一起，形成公众。他们在非强制性的状况下处理普遍利益问题，作为一个群体来行动。在这里，他们可以自由公开地发表他们的意见，当公众达到大规模时，这种交往需要一定的传播和影响的手段，报纸、期刊、广播和电视就是这种公共领域的媒介。如果讨论涉及与国家活动相关的问题时，称之为政治的公共领域②。这是哈贝马斯试图在市民社会和权力领域之间找到一个既公共又属于私人范畴的空间，以不受权力控制的公共舆论，作为一种媒介对国家和社会需求加以调节，是一种取得意识形态合

① （英）雷蒙·威廉斯著，刘建基译《关键词——文化与社会的词汇》，生活·读书·新知三联书店 2005 年版，第 220 页。

② 汪晖、陈燕谷主编《文化与公共性》，生活·读书·新知三联书店 1998 年版，第 125 页。

法性的手段。而葛兰西的主要论点在于，统治权力对社会的支配，其本质在于他们已经在私人领域取得了霸权。

霸权（hegemony）这个词是直接从希腊文进入英文的，威廉斯考证其最接近的词源为希腊文 hegemonia，常指的是支配他国的 leader（领袖）或 ruler（统治者）。这个词具有政治支配的意蕴，通常指的是一个国家宰制另一个国家。这种意涵在 19 世纪之前并不普遍，但 19 世纪后就一直持续使用至今，相当普通。这个词和其形容词 hegemonic（霸权的、霸道的）被用来描述一种达成政治支配目标的政策。在英文里，早期的一些用法有时候比较广义的意蕴是指各种各类的支配，不仅仅限于政治方面。在 20 世纪马克思主义的一个派别里，尤其是葛兰西的作品，hegemony 这个词变得非常重要（然而在他的作品里，这个词的意蕴既复杂又变化不定。在它的简单用法里，“政治支配”的观念可以从国家之间的关系延伸到社会阶级的关系，例如“中产阶级的霸权”（bourgeois hegemony）。但是这种支配的特点在许多方面可以用比较广义的意蕴来理解，hegemonic 并没有局限在直接的政治控制之事务里，相反地它试图描绘一种广义上的支配。这种支配包含其中一个主要特色：就是洞察世界、人性及关系的一种特殊方法。就这层意蕴而言，hegemony 不同于“世界观”（world-view）的概念，因为理解世界、自我及他人的方法，不仅属于智能的层面，而且属于政治的层面，从制度、关系到意识皆是其涵盖的范围。它也不同于“意识形态”的概念，因为它不但表达统治阶级的利益，而且它被那些实际臣属于统治阶级的人接受，视为“一般的事实”（normal reality）或是“常识’（commonsense）。

威廉斯认为，这种解释影响人们对 Revolution（革命）这个词的考察，因为革命不仅强调政治、经济权力的转移，而且强调推翻某一种特别霸权——所推翻的是某一种完整的阶级统治形式。这种阶级统治的形式不仅存在于政治、经济的制度与关系里，而且存在于生动活泼的经验、意识形式中。只有借着创造出另外一种霸权，一种崭新、优势的实践与意识，革命才可以达成。因此 hegemony 及 hegemonic 这两个词的意蕴不只包含了政治、经济因素，而且包含了文化因素。这层意义不同于马克思主义的一个决定论的概念：经济“基础”（base）与政治文化“上层建筑”（superstructure）。当“基础”产生变化，上层建筑就会跟着产生变化，尽管上层所产生的变化可能是间接性的或者是非立即性的。同时，这种广义的概念，必须符合主流观念，而这些主流观念表达了支配阶级的需求，即主导阶级的需求。在任何种类的激烈变化里（包括经济基础的各种变化），除了极端形式的经济决定论——一种经济制度（system）或结构（structure），霸权的斗争仍然被视为一个必要的或是决定性的因素[①]。

赢得霸权，就是赢得意识形态统治的过程。意识形态分析的中心在于，解析主导的社会群体如何能够再造它需要得到稳固的社会和经济权力，重点关注这个再造过程的物质层面和精神表现层面的动态。大量的意识形态分析旨在说明，一个社会的统治阶

① （英）雷蒙·威廉斯著，刘建基译《关键词——文化与社会的词汇》，生活·读书·新知三联书店 2005 年版，第 78 页。

级如何在任意时刻明确地形成其主导意识并使其稳固延续，由此保证自身能够实施控制。于是，对于媒介来说，意识形态的分析关注的是揭示媒介如何协助主流的观点和信仰得以维系和稳固，从而再造现存的社会秩序和统治阶级的主导地位。考察媒介内容，看它如何进行意识形态的运作，强化主导观念和信仰。关于一个社会主流观念的问题，马克思有著名论断：统治阶级的思想在每一时代中都是占统治地位的思想，也就是说，一个阶级是社会上占统治地位的物质力量，同时也是社会上占统治地位的思想力量。他的分析方式都建立在经济基础—上层建筑决定论的基础上。这种模式揭示社会是这样构成的：基础指的是经济生产，上层建筑指的是组成社会的政治和文化的意识形态机制——比如家庭、宗教、国家和教育。从传统上看，马克思的思想将经济基础看成是最具意义的、最重要和具有决定性的因素，即我们熟知的经济基础决定上层建筑。如果把这个理论框架与媒介联系起来，那么媒介工业的组织方式和它们制造的文本都应被视为由经济基础决定的。在资本主义社会中，媒介工业的生产和流通结构都应该是在资本主义体系里组织起来的，因此它们的运作是以资本主义生产关系为经济基础并维护资本主义经济秩序的。不过，这种模式在后来被认为是过于强调经济的决定力量，有简单的决定论色彩，比如过分强调了构成社会基础的经济力量影响文化和观念生产的能力。

路易斯·阿尔都塞（Louis Althusser）的意识形态论仍然是在经济基础—上层建筑这种模式下运行的。但他在两个方面突破了马克思的局限：其一，他拒绝严格意义的经济决定论，而是认为上层建筑对于经济基础有一定程度的相对独立性；其二，它不认同意识形态是虚假意识，而是将其与个体的日常经验联系在一起。通过这两种方式，他提出了自己对传统马克思主义局限的认识。阿尔都塞认为把社会中任何事情完全归结于经济原因的观点是值得怀疑的。他对传统的马克思主义认为经济基础对上层建筑有决定作用的观点提出了挑战。他认为，在发达国家，如西欧国家，理论上上层建筑相对于经济基础可以有一定程度的独立。阿尔都塞因此将重点更多地放在了上层建筑上，从理论上说明它并不是简单地依赖于经济基础。他认为，只有对社会各个方面进行更为详细的考查，才能够完整地理解现存的社会结构是如何再造自身的。在他的名篇《意识形态与意识形态国家机器》（Ideology and Ideological State Apparatuses）一文中，阿尔都塞认为，资本主义生产必需的社会关系是由他称为“意识形态国家机器”来支撑维系的，包括家庭、司法机关、学校、教堂、政治系统、文化和媒体。这些由强制性国家机器——军队和警察——来维持。在阿尔都塞看来，正是这些从前没有被其他马克思主义者从理论上探讨的意识形态国家机器对个人管理起着主要作用，是为统治阶级服务的[①]。

三、意识形态之于个体定位的唤询

根据阿尔都塞的观点，通过对意识形态在日常生活中或者生

① （英）利萨·泰勒、安德鲁·威利斯著，吴靖、黄佩译《媒介研究：文本机构与受众》，北京大学出版社 2005 年版，第 27 页。

命体验中的运作的理解，才会了解意识形态为什么不是一种虚假的意识，而是一种具有能动性的观念。意识形态不是将个体与现实世界隔离甚至遮掩的工具，并非是遮盖在人们眼睛上的一层纱布，作为筛选或者掩藏他们与身边世界“真实”关系的过滤器存在，这种立场认为意识形态在人们对世界的日常认知中起作用，是一种虚假的作用，而对他来说，意识形态不是一种“虚假的意识”，它实际存在，且力量强大。它实际上构建了人们的日常生活经验，并深深将意识形态体现的观念置于人们的精神世界中，使之长久化甚至永恒化。根据阿尔都塞对于意识形态的思想，对媒介进行的意识形态分析，可以揭示某些观点和信仰是如何通过媒介再现被合法化，被“制造成真实的”。比如，很多媒介文本都是围绕个人展开的，无论是新闻报道的重点还是虚构故事的主角。根据阿尔都塞的观点，个人主义的中心地位协助再造了现存的社会结构。再造现存的社会结构，首先要再现和稳固现存社会结构相关的价值体系和思想观念。个人中心地位的确认过程就是由意识形态来完成的，它在潜移默化当中，将个人主义的价值观念和与之相辅的行为方式在个体的脑海中固定下来，并根植于个体的价值体系中，从而使得主流社会意识形态支持的观念得以合法化和合理化。它妨碍了人们把自己看成或是考虑为集体——比如说一个社会阶级——的一员，因为如果个人一旦认识到这点，可能会引致他们拒绝“被赋予”的角色，即拒绝被社会主流意识形态赋予的定位，并且寻求对压迫他们的资本主义价值观的挑战。阿尔都塞认为，由离散的、有自由思考能力的个人构成的个人主义和我们对世界的体验，是一种意识形态化的现象，而非自然现象，是经过观念的内化的结果，而非天生的存在。

根据这个观点，媒介对个人行动关注的重点可以被看成是意识形态化的。文本分析可以揭示新闻报道、电视节目和故事影片如何围绕着这种“常识性的”个人主义的中心地位进行构建。构建由个人组成的社会试图在特定的历史时刻掩盖正在运行的权力关系。“对主体赋予个性就是让他们忽视阶级、种族和性别的关系，赋予的实施其实也是统治的实现，是稳固自身社会秩序的行为。这些关系支配着个人能够获得的社会权力，赋予个性也意味着让个人最终对他或她自身的行为负责，这样就削减了阶级、种族和性别的差异”①，阿尔都塞认为，这些差异会影响个人对机遇的实际利用，实际也是被意识形态教化、定位的结果。

阿尔都塞指出意识形态国家机器给个人定位的主要方式之一是对其进行“唤询”（interpellation）或“召唤”（hailing）。媒介和其他文化文本“召唤”和“呼唤”读者，以这种方式定位读者，并吸引他们进行消费。召唤和唤询也成了把消费行为和消费者连接在一起的桥梁。唤询的结果是个人把自己看成是独立的、自主的个体。这样一来，个体认为自己是意识形态的“主体”，此时，阿尔都塞提出，他们误认了自身。为什么说是误认呢？在此过程中，个体，通过采用意识形态的主体立场，推定自己是构建自身主体性的意识形态的主人，即做出的任何决定和行为，都是绝对主体的、个人的。但这些主体立场对于个人来说并不是常

① （英）利萨·泰勒、安德鲁·威利斯著，吴靖、黄佩译《媒介研究：文本机构与受众》，北京大学出版社2005年版，第30页。

态的、固有的，却又被个人将其误认为本来就是自然的、与生俱来的，而这种误解就是由意识形态带来的，因为意识形态带给个体一种假设，假设你是绝对个体自主的，实际上，主体性是意识形态暗示给每个个体，并非个体天然具备特质的。反过来，由于错误的认知，个人成为了意识形态积极的行动者，为那些旨在利用他们的意识形态提供力量和支持，支持社会主流意识形态代表者继续以这样的方式维持社会秩序和对自身的意识形态的控制和统治。

可以说，在社会秩序和思想观念的维护、平衡和稳固过程中，意识形态协商着个体与他们实际生存状态之间的关系。不过，在阿尔都塞看来，个体与意识形态采用的主体立场之间是想象关系。比如说广告就不断地给个体消费者提供一个清晰的、意识形态化的定义，让他们知道自己是谁，应该或者能够成为什么样的人。广告通过视觉形象让个体看到他们自己，或者是潜在的自我，让他们认为自己是能够做出消费决定的独立个体。个体受到了广告的“召唤”，并被引导进行观看，把广告看成是对自己兴趣和欲望的再现。不过，用阿尔都塞式的话语来说，个体与广告提供的意识形态主体定位之间的辨认是一种错误的认知。消费个体只是得到了统治阶级在自身利益范围内给予的一个选择。广告在推销消费品的时候，也在推销着主导意识形态。

这样看来，消费者的行为被意识形态深深影响和左右。对于说明某种阶级价值观的主导地位是如何形成的，来自意大利的马克思主义者安东尼奥·葛兰西的霸权（hegemony）概念，提供了另一种解释。葛兰西认为主导性的产生并不仅仅是由统治阶级通过意识形态强加的，而是通过展示自身是最好的、能够满足其他阶级——甚至暗含整个社会——的利益和愿望的组织来实现。从这个角度来说，统治阶级可以看成通过“赞同”而不是“强迫”来实行统治。根据葛兰西的观点，赞同并不是简单、毫无疑问地达成的，而是必须经过不断地协商、重建，因为无论统治阶级在多大程度上呈现自身利益能够容纳从属阶级的利益，他们之间的利益也还是对立的。主导阶级呈现的是其本身能够最好地处理其他群体的利益，但这种做法是否奏效经常受到挑战。为了回应这些挑战，必须在主导意识形态范畴内不断地从某种程度上吸收各种对立因素，从而平息和安抚它们。比如，运用霸权概念提供的分析方式，可以认为实际上所有的主流媒介文本都是不断变化的历史过程的一部分。这个过程通过再造价值观及信仰，维系了统治阶级的利益。这些价值观和信仰并不是固定的，而是可变的，由此能够通过将统治阶级展示为关注、照顾从属团体达到维持统治阶级利益的目的。因此，仅仅认为媒介文本简单地想把观念强加给消费的人是不可行的，相反，需要探究意识形态的再造力量是如何通过一系列的协商方式得以成功的。正如斯图亚特·霍尔所说，霸权不是普遍的，也不是“自然赋予”某个特定阶级进行持续统治的。它需要争取、再造和维系。

审视意识形态理论在媒介分析当中的应用，不难看出，媒介实际上是作为意义争斗的场域存在于受众和主流意识之间，在任何一个社会，其意识形态取得合法性，这里的合法性并不是指法律强制意义上的合法性，而是表现为主导意识非强制性地、自然地获得社会意识的认可乃至追随，在这个过程中，媒介都扮演着重要的中间角色。在资本主义社会，资产阶级的合法性通过这种方式得以合理存在。而在被消费主义思潮影响着的我国媒介发展进程中，最大的理念突破和革新，在于依然代表主流社会意识的主流媒体，意识形态上的权力下放，从训导式的说教走向趋于中介化的对话。当消费主义潮流渗透我国媒介发展的每一个角落的时候，消费观念中的平等、选择意识也不知不觉进入媒介活动的任一环节，消费代表着主体的自由选择，代表着生产者以消费者的利益至上，来进行一切生产活动，消费拒绝居高临下，远离被动不情愿，消费预示着寻求满足。从某种程度上说，消费同样是一种编码和解码的过程，只有消费者完全意义上的主动解码成功，生产和消费的连接才可以说是真正完满。在市场经济体制改革的物质环境保障下，消费媒体，共享信息，一种权力的让渡悄然体现在网络媒体的自由消费空间中，体现在各类媒体的采访方式、播出内容和价值取向以及功能转变多样化等等方面。

第五章 影像的编码解码

第一节 编码解码

一、文化研究路径的切入

编码解码理论是对媒介分析最有影响的理论之一。为什么要将编码解码理论植入媒介的文本分析中？这就涉及一个大众媒介与传播过程信息损耗的问题。斯图亚特·霍尔（Stuart Hall）是当代英国文化研究重要代表人物。作为文化研究学派主力干将和英国新左派运动的重要创始人之一，他一直从事文化、权力、媒体与编码解码和意识形态之间关系的研究，提出文化研究必须从社会结构、意识形态支配、抗拒、斗争及文化霸权等角度加以考察。在致力揭示文化塑造社会意义之作用的过程中，霍尔将传播媒介研究正式纳入文化研究的学理范畴，从文化的角度阐释大众媒介如何在复杂的社会建构中演绎自身角色，又怎样透过意义生产反作用于社会运作。

“意识形态”一直作为文化研究和欧洲社会思潮的关键词存在着，它与国家运作、阶级斗争的关系问题也备受学术界关注，但其与大众媒介之关系及其在传播过程中的功效如何，在霍尔之前一直未有完整叙述。文化研究奠基人之一雷蒙·威廉斯（Raymond Williams）对意识形态有过这样的描述：“‘意识形态’在社会学分析中是一个不可或缺的术语，但这个术语的困难首先在于：要么它是用于描述：a）一个阶级或其他社会集团系统的或自觉的信仰，恰如‘意识形态的’这个词的通常用法是意指一些普遍原则或理论主张，或通常不那么中听的说法，是指一些教条。要么是用于描述：b）一个阶级或社会集团独特的世界观或普遍观念，它既包括一些系统的和自觉的信仰，也包括不那么自觉的和系统阐发的态度、习惯和情感，甚至包括一些无意识的假定、意旨和承诺。”① 威廉斯给出一个描述性的概念，探讨的是意识形态的内涵和存在状态。在他看来，意识形态主要是一种集体的精神信仰，这当中，既有显形外化的态度、习惯，也有隐性内在的情感、意旨。但意识形态是否直接关联到大众传播，威廉斯并没有强调。在他的传播理论中，经验是最为重要的核心概念。他认为，文化过程是一个整体，并全方位地塑造着它的成员，而隶属于某种文化的成员对这种生活方式自然产生独特而不可取代的经验，进而可以讲，文化这种特殊的生活方式对其固定成员有

① 周宪编译《文化研究关键词》，《文化研究》第3辑，天津社会科学院出版社2002年版，第308页。

着不可避免的规定性和影响力，因此，置身于某一文化之外的个体，当然不可能具备与之相匹配的经验和对此种生活完整而具体的理解。从这个理论观点出发，威廉斯把传播作为一种文化现象进行了分析。他在他的《文化与社会》中说："传播不仅仅是传送，而且还是接受与反应。在一个转变期的文化中，技术高明的传送可能会对活动与信念的几个方面有影响，而且有时是决定性的影响。但是在混乱中，整体的经验将会重新抬头，固守它自己的世界。大众传播在与它的方法相适应的社会与经济制度中，已经取得了明显的成功。但是当它的传送遇到的不是混乱而不安定的局面，而是一种经过思考，而且已经成形的经验，传播的传送已经失败而且还会继续失败。"[①] 显而易见，在威廉斯眼中，经验对于传播信息之送达效果的影响是极其明显而重大的。但威廉斯仍受到批评，后起的文化研究者认为他过于重视经验分析，而忽视了个人经验受制于社会总体结构，受制于意识形态。应该讲，威廉斯在分析传播现象时已经涉及与意识形态紧密联系的整体经验和个体经验，遗憾的是，意识形态并没有完整而显著地进入他传播理论的视野。

阿尔都塞（L. Althusser）的意识形态理论对文化研究，也对后来的霍尔产生了重大影响。他首先提出："意识形态是一个诸种观念和表象（representation）的系统，它支配着一个人或一

① 雷蒙·威廉斯著，吴松江、张文定译《文化与社会》，北京大学出版社 1991 年版，第 392 页。

个社会群体的精神。”[①] 在这个定义中，意识形态已经不单是观念和主张，开始作为一种系统出现，并且具备左右个体和群体精神的力量。为说明意识形态的结构和功能，阿尔都塞进一步提出两个命题：命题之一为意识形态表现了个体与其真实存在条件的想象性关系。他认为，当人们发现意识形态并非与现实一致时，也就承认意识形态建构了一种幻觉[②]。命题之二为意识形态有一个物质的存在。阿尔都塞论证说，构成意识形态的观念或表征并不具有理想的或精神的存在，而是具有物质的存在。一种意识形态永远存在于一种机器（国家机器）及其实践中，而这种存在就是物质的。这种情况下，作为个体的人们即生活在意识形态中，也就是生活在对世界的一种确定的（宗教的、伦理的，等等）表征中，其想象性的扭曲，依赖于他们与其存在条件的想象性关系。换言之，大众受到意识形态的支配程度取决于他们与生产关系、阶级关系的关系[③]。他认为，如此力量强大的意识形态借语言、符号、仪式或社会实践等物质层面的东西，有着再造社会既有权力秩序的功能。把这些理论具体到传播研究方面，阿尔都塞得出的结论是：“便不须理会传播者的‘意图’和‘偏见’，也不是看传播讯息是否为‘党派之见’；而是研究新闻事业工作本身，路线如何分配，新闻价值判断的标准为何，每日例行的新闻活动是

① 周宪编译《文化研究关键词》，见《文化研究》第3辑，天津社会科学院出版社，2002年版，第305页。

② 斯拉沃特·齐泽克、泰奥德·阿多尔诺方杰译著《图绘意识形态》，南京大学出版社2002年版，第161页。

③ 同上，第164—165页。

什么，这些实务作法是否有更深一层的社会意义或功能。”[①] 阿尔图塞的传播分析理论，直接从实践物质层面进行意义判断，并不涉足受众心理反应的研究，其中意识形态的作用是单方面的。

二、媒介研究

将意识形态放在传播研究中心位置的是霍尔。1982 年，在汲取阿尔图塞结构主义理论中意识形态分析的基础上，霍尔发表文章《意识形态的再现：媒介研究中被压迫者的回归》（The Rediscovery of “Ideology”：The Return of the “Repressed” in Media Studies）。在这篇文章中，霍尔根据研究方法和内涵的不同把 1920 之后的媒介研究划分成三个阶段：第一阶段，1920—1940 年间，以法兰克福学派的媒介研究为代表，认为媒介是生产、复制大众文化的最强力量；第二阶段，1940—1960 年间，由美国行为科学主流研究所主导，大众传播理论家甚至宣称“意识形态终结”；第三阶段，1960 年至今，研究范式转向批判的典范。霍尔指出，变化并不仅仅在于研究方法和具体角度、层面的转变，根本上还是存在着政治及理论的差异，而在这些差异当中，意识形态则是最为关键的。他认为，如若描述“主流研究”与“批判典范”的区别，由行为主义转为意识形态观点是其中的根本变化。在行为主义理论中，意识形态“遭到压迫”，但其又在批判范式

① 张锦华：《传播批判理论》，台湾黎明文化事业公司 1994 年版，第 143 页。

中得以复活，并成为连接社会和媒介的核心范畴①。在将意识形态重新带回到媒介研究的课题中的同时，霍尔开启了媒介角色讨论的新空间。首先，媒介大部分都成为反映和表达既有或主流舆论或者社会共识的载体，从广义的文化层面上讲，媒介其实是在不断强化一些已经具有接受基础的价值判断，而这种强化的过程又并非单一的由此及彼的直线传播，媒介的再现直接受到意识形态的影响和塑造。具有强大影响力的意识形态把有效和合法性赋予事物，经大众媒介再现于社会②。第二，霍尔进而提出问题，社会中存在多种形式的意识形态，由大众传播媒介传送、表达，它们不断相互抗争，发生冲突，同时改变社会，那又应该如何解释存在着的各种意识形态运动呢？在重返意识形态的同时，霍尔开始着手研究意识形态过程中的文化问题。霍尔的研究是建立在符号学模式和结构主义理论基础上的。符号学研究模式的理论主张，事物的意义并非存在于事物本身，而是由文化所决定。霍尔由此追问，既然大众媒介的表意深受意识形态的宰制，那么一个社会中的主导性意义论述形式怎样在众多论述中保持自己“原本就是”的姿态？这样的姿态又如何由大众媒介来规定和维持？从这个意义上讲，霍尔将大众媒介从以前简单阶级斗争的一元工具论中解放出来，它不再单纯的是经济基础—上层建筑层面中的阶级统治机器，而已置身于广阔的意义争斗空间。

---

① Graeme Turner，British Cultural Studies：An Introduction，London and New York：Routledge，1992，pp. 184—185.

② Graeme Turner，British Cultural Studies：An Introduction，London and New York：Routledge，1992，P. 187.

霍尔在传播学领域中对意识形态的重新阐释，提出了大众媒介及文化研究中的几个新命题。其一，在强大的意识形态影响下，媒介不具备超然的支配权。具体到传播现象，在霍尔看来，传播的过程很大程度上是某种社会秩序的再现和强化过程。其二，在此过程中，“媒介倾向复制即定秩序的意义，并使之合法化”[①]。其三，在众多意义的斗争中，文化的作用不可忽视。每一种文化都有其自己的思维方式，而这种方式又促使隶属于该文化的成员对符合此思维模式的概念持“理所当然”的看法[②]。有了上述的理论基础，霍尔决定探讨媒介在主流文化意义赢得文化霸权，继而获得经济领导权和控制权的过程中，扮演着怎样的角色，又承担着什么样的社会功能。

三、霍尔对结构主义和霸权理论的超越

阿尔都塞的结构主义方法将意识形态放在至高无上的决定位置，个体的人的能动选择、反抗作用完全被抹去，而回归于意识形态研究的霍尔却并未陷入这样的绝对境地。对于意识形态的重新关照使得以霍尔为首的文化研究学派从文化和意识的角度诠释了媒介在大众传播中所扮演的角色以及所受之宰制。此时，霍尔对葛兰西（Antonio Gramsci）的“文化霸权”理论的重读，使其文化研究分别超越了“文化主义”与“结构主义”的局限。葛兰

① Graeme Turner，British Cultural Studies：An Introduction，London and New York：Routledge，1992，P. 187.

② Graeme Turner，British Cultural Studies：An Introduction，London and New York：Routledge，1992，P. 188.

西“文化霸权”理论成为霍尔解答大众媒介如何赢得最广泛意义建构权问题最为重要的思想源泉。葛兰西曾经在总结无产阶级革命的经验教训时，提出市民社会理论和“文化霸权”的概念，为新左派的文化抗争开拓了新的视域，为霍尔的文化研究提供了重要的理论资源和研究范式。葛兰西提出，国家等于市民社会加政治社会，而不等于经济基础加上层建筑。所谓政治社会，指的是由政府、军队和司法部门构成的强制性的国家机构，行使暴力性质的强制功能，而市民社会则是由非强制性、相对自主的政党、工会、教会、学校、学术文化团体和各种新闻媒介构成，替统治阶级行使非强制性的“霸权”职能。葛兰西认为：“在西方资本主义社会，资产阶级的统治主要不是依赖政治社会及其代理机构，如军队、暴力等来维持，而主要是依靠他们牢牢占有的意识形态领导权，依靠他们广为宣传并为大众普遍接受的世界观来维持的。因此要推翻资产阶级的统治，就必须首先颠覆它的文化霸权。”①

霸权这个词到了葛兰西手里，有了新的含义，被用来描述社会各个阶级之间的支配关系。在资本主义社会里，资产阶级成功地利用文化领导权，而不是仅仅依赖军队、法庭、监狱等暴力机构来维持其统治。葛兰西提到的文化霸权并非通常理解的支配阶级和从属阶级压迫反抗的单一关系，它是一个不断变动的斗争过程，也就是说，虽然掌握主控能力者在获取权力的过程中也需要

① 罗钢、刘象愚主编《文化研究读本》，中国社会科学院出版社 2000 年版，第 16 页。

武力的支持，但更为重要的是要能发展出一套能为大多数民众所接受的“共识”，换句话说，“社会权力的取得，是‘赢得民心’的结果”①。葛兰西的文化霸权理论让霍尔在分析大众传媒的社会功能时找到了最有力的武器。文化研究学派认为，文化的社会构成作用也可以表现为文化霸权作用，它塑造了人们对社会现实（如阶级结构、性别划分、种族结构）的体悟，在潜移默化之中使人们认可当下的社会现实状况，他们提到，任何一个社会的占主导地位的社会关系，需要维护其（合法）地位的意义和框架。从这点出发，霍尔将其对大众传播的研究放在了媒体如何构建意义以赢得文化共识上面。他推翻传统主流传播理论对于“意义原本存在于社会中，而媒体不过行使传送权”的假定前提，指出所谓一致舆论其实就是传媒生产或部分生产出来的，只是在此过程中，媒介外显的是独立和公正生存状态，内隐的是微妙的依附，遵从和间接行使意识形态霸权。“它必须在普遍的范围之内或‘大家都赞同’的一致舆论的框架内生存下来，它使自己适应于这种一致的舆论，同时又试图形成这种一致的舆论，传媒成了生产‘普遍赞同’的一个组成部分。”② 前面提到，霍尔认为传播过程中，被反映的事物的意义是由媒体构造和形成的，这种再现也成为媒介的一大功能，因为实际上并非有一个“外在的”（out there）世界自由自在地存在于再现话语之外，它在一定程度上是

① 张锦华：《传播批判理论》，台湾黎明文化事业公司 1994 年版，第 140 页。

② 《文化 传媒 语言》，第 85、87 页。转引自罗钢、刘象愚：《文化研究读本》，中国社会科学出版社 2000 年版，第 20 页。

由它的再现方式所构成的。通过这样的再现，统治阶级让自身的文化意识逐步获取文化领导权，即政治权力的获得首先体现在被统治阶级对于主流文化的或积极或消极的赞同。

在分析撒切尔国家意识形态如何进入民间意识形态并获得赞同的问题上，霍尔便成功地运用了这一理论。1970—1980 年间，由撒切尔夫人领导的英国右翼政党连续三次赢得大选的胜利，特别是赢得大量工人的支持，这让左派政党大惑不解。霍尔分析说，撒切尔主义之所以成功，在于他们在建立和保持意识形态霸权方面采取了特殊的策略，核心是，它于政治宣传中有效地利用了传统工人阶级文化中的某些重要因素，而这些因素又没有内在的必然的或确切的阶级含义。就是说，右翼政党运用模糊阶级区别的方式赢得意识形态和文化上的赞同。“撒切尔的天才之处在于，她能够把多样性的在文化上具有复杂化的认同压缩进强有力的霸权结构。”[①] 霍尔通过阐释撒切尔政府如何有效支配整个社会的意识形态进而获得政治上的霸权，揭示了政治经济斗争中意识形态的传播与接受问题。其中，大众传媒承担了生产这种“普遍赞同”或“一致舆论”的责任。台湾学者张锦华这样总结霍尔建立在文化研究理论基础上的媒介功能观：（1）建构社会知识，形成规范，反应价值；媒介主动选择讯息，赋予其意义，以塑造社会形象，强调媒介的非中立性。（2）塑造“共识”，取得“合法”；意思为媒介所建构，分类与价值化的知识为社会认可，取

① 陈晓明：《大众文化研究：关于新的压迫与解放的学说》，详见 http：//www. booker. com. cn，上网时间 2008 年 3 月 5 日。

得“合法性”，突出媒介与社会结构的互动[1]。

第二节　编码解码的传播意义

一、能动的受众

霍尔对于媒介在意识形态支配下生产意义、赢得文化共识的剖析已使文化研究的重点由前期的宏观社会批判转为对大众传媒的具体研究。在意义的生产与再生产研究中，霍尔把关注点投向同样充满活力的受众之于媒介意义的解读行为。他的关于电视话语的编码、解码理论标志着又一个新的研究模式的诞生，这就是对电视文本的研究和对传媒受众的研究。在20世纪七八十年代，现代传媒文化更趋成熟，霍尔的研究不再对大众文化进行简单的否定，而是深入地研究其中的运行规律。他研究了电视话语的“意义”生产和再生产及其意义传播的规律。他发现，电视节目的意义生产首先是一个“编码”的过程，其中的“代码”（code）是有一定的社会文化在解读符码和话语之间已经预设好了的。而当节目“成品”完成后，它便是一个开放的、多义的话语系统，电视文本进入传播流通过程时，也就进入了话语规则规范的范畴。电视观众对电视节目的解码，实际上是一个再生产过程，即解码过程并不是完全依据编码来进行，二者不是同一的。霍尔由

① 张锦华：《传播批判理论》，台湾黎明文化事业公司1994年版，第148页。

此假设了解码过程中可能出现的受众的三种解读立场及所处的地位，其中有“支配－霸权立场”（dominant－hegemonic position）、“协商代码立场”（negotiated code or position）和“对立码立场”（oppositional position）三种解码模式在起作用。由此可见，在现实意义上的传播活动中，从前被认为是传播被动接受者的大众并不是简单消极接受传播者规定意义，他们的活动，实际上是意义的选择和再生产。而如果说一种文化形式能为大众接受的话，那么也是其文化意义得到大众的普遍赞同。

霍尔的编码解码理论实际上是受到社会学家帕金（Parkin）的启迪。帕金在其著作《阶级不平等与政治秩序》（Class Inequality and Political Order）中提出，就西方社会来讲，不同社会阶级的众多成员各自具有不同的意义体系（meaning system）或意识形态架构。根据不同社会来源和“阶级不平等的不同道德诠释”，帕金提出三个意义体系：支配型（dominant system）、从属型（subordinate system）、急进型（radical system）。他认为，年龄、性别、种族与阶级等社会变量都是该模式中的解码因素。霍尔在进行理论借鉴和移植过程中，考虑到了更多的问题，诸如：各种因素怎样介入传播过程，同时又受到哪些社会机制的约束和影响等等①。他认为，信息的意义并不是由任何符码事先决定的，而是由一个符码的“主导”系统所组成的。由于每个社会的文化开放程度不同，便产生不同类别的社会、文化、政治。由此衍生

---

① 潘知常、林玮、袁力力：《传媒作为文本世界（一）：文化研究的解读》，详见 http：//gadfly1974. nease. net/articles/local143. htm，上网时间 2007 年 10 月 13 日。

出一个主导性的文化秩序，而它也不只有单一的意义存在，不同的社会领域会在不一样的信息叙述面前呈现不同的形态。这些因素都在传播过程中影响和限制着受众对传播内容的解读。把这个理论运用到具体的传播活动中，霍尔即可解释当亚文化群体面对主流文化的强势传播时的反应，比如说，进行罢工的工人、单身母亲或黑人受众，一旦发现自身的解读和主导性意义不一致时，就有可能进行“反对式立场”的解码阅读。这种解码和编码的不相称或矛盾也就招致了传者立场上的“传播中的失败”。霍尔举出一个电视传播的例子：电视观众在完全理解信息的字面和内涵意义的情况下，仍有可能以一种完全相反的方式去解码。“他/她以自己选择的符码将信息非总体化，以便在某一个参照框架中将信息再次总体化。”例如，观众接收到的信息是对限制工资的必要性的辩论，但或许因为观众自身社会地位或阶级的因素，他或她每次都会将提及的“国家利益”解读为“阶级利益”。观众以对抗性的符码对信息进行操作，霍尔认为，话语的斗争开始了①。

霍尔的这一理论不仅大大深化了前期的文化研究理论，而且直接启发了对作为“受众”的大众本身的研究。霍尔在一篇访谈录中表示，沉默的大众真正在思考，只不过我们剥夺了他们发表的工具。事实上，他们作为一种“被动的”历史、文化动力而持续存在。从这个意义上讲，大众是活跃的政治主体；他们的能量并没有被文化工业的生产与消费模式封锁。用霍尔的理论说，即

① 罗钢、刘象愚：《文化研究读本》，中国社会科学出版社 2000 年版，第 358 页。

大众可以采用自己的解码方式。电视即是这种双向权力的典型。大众建构了文化作品的多种不可指定的意义，制造了符号的多声部性质。在霍尔理论的启发下，英国的莫利（David Morley）、荷兰的洪美恩（Ien Ang）的“民族志”研究（ethnography），开始对具体的通俗电视节目观众进行研究，从此，传统的文化研究和传播研究出现了明显的交融之势[①]。

通过对霍尔传播思想的分析我们不难看出，在积极科学地吸纳结构主义理论、意识形态理论和社会学理论的基础上，在重返与建构中，霍尔将传播学研究延伸到一个新的领域。其一，霍尔把意义生产纳入到传播研究中，重新诠释了媒介存在的意义及功能。他认为媒介不仅仅是传送信息的载体，还是表意的工具，代表着国家中优势的社会利益。在传播过程中，媒介建构现实，制定意义，以形成广泛的社会共识。其二，他打破了传统经验性媒介效果研究的束缚。早期的媒介效果研究大都有意无意地落入了行为主义心理学的刺激－反应模式之中。这种模式假定，传媒一旦发出刺激信号，受众必定会在态度或行为上有所反应[②]。霍尔通过编码、解码理论提出，在传播过程中，刺激与反应不是直线型的，受众对于信息具有能动性的解读能力，使得媒介效果研究有了新的理论支持。

---

① 李怀亮：《西方文化产业理论发展》，详见 http：//www. culindustries. com，上网时间 2009 年 9 月 7 日。

② 赵斌：《英国的传媒与文化研究》，详见 http：//gadfly1974. nease. net/articles/foreign45. htm，上网时间 2009 年 9 月 8 日。

二、新媒体技术的编码解码模式

新媒体的环境下，如霍尔的期望，沉默的大众真正在思考，媒介不仅未能剥夺他们发表的工具，反而在其创造传播的过程中给予了技术的支撑。那么，他们已经作为一种“主动的”历史、文化动力而持续存在并发展。从这个意义上讲，大众在传播中是活跃的政治主体，其程度甚至不亚于传者；他们的能量自然也没有被文化工业的生产与消费模式封锁。在此基础上，大众可以采用自己的解码方式解读，直至重新改写信息。基于新媒体技术的网络传播即是这种双向权力重叠的代表。大众建构了媒介产品的多种不可确定的意义，制造了符号的发散性性质。

在此过程中，符码的编辑、解读和传播关系发生了同传统媒介时代全然迥异的变化。按照斯各特的说法，新传媒是由三个主要的元素构成：内容（content）、符码（code）和传播（communications）。内容指的是被送进传播管道里的东西，包括影像、声音、文本、叙事、录像串流、动画、论说、强化效果、设计乃至广告等个体和综合体，均被从一个地方送到另一个地方。“符码”则是“操作性”，也就是“功能性”。“符码”让受众做事情，相当于传播过程中的一种动力设备。如果说内容是前端，那符码就是发生在后端的事情。斯各特认为，这就是让互动的媒介之所以能是互动的原因，是“就在传播始端上”的那些东西背后的种种具体细节，是在传播终端接口背后的东西，即界面的后端。对传统媒体而言，符码集动力和解释功能于一身，而对于新媒体来说，“符码”却是颠覆符号的东西，因为其纯粹的技术性，它质疑甚至阻碍传播中的表达。“传播”指的是被编了码的内容从一点到另一点的运动过程。在此基础上，拉什提出，内容、符码和传播不仅是新媒体的三个维度，也是更为广泛的整个信息社会的三个维度及信息与信息批判的维度。

这相当于将传播的编码和解码置于立体的批判空间重新解读。编码和解码关系到信息的生产和消费。传播涉及信息的再生产，必须先存有，再扩展。存有则涉及意义。在海德格尔（Martin Heidegger）看来，存有的意义必须经过存在的过滤，更明确地说，是通过被海德格尔称为此在的那些极其特殊的人的过滤。在传播或者通信的过程中，传者和受者是存在的过滤方，传播的终极则是等待或许可被称为社会的那种集体性的存有的再生产产品，携带其必然蕴含着的意义，以其最低程度的损耗，在终端达成深层意义的代代相传。传统的文本中蕴含的象征有意义，指涉的意识形态有意义，论说结构有意义，能指对象借由其构造上的差异也会产生意义。因此，传统工业社会中，基于第一代基本媒介传播的社会与象征的再生产都有赖于意义。但是在新媒体环境中，当文本象征已成为碎片而社会已不再生产时，传播的过程就从一个属于意义的语域转移到了一个属于操作性的语域。无论从内容还是符码构造来看，碎片化的传播生态和方式是不完整的。面对一个不完整的东西，受者的接受信息行为是拼凑式的，行为本身先于经验获取。解码之前，可受者不得不把很多消散式的一些琐碎给拼装到自身的解码架构上去，于是个体就变成具操作性的终端了，他或她于是便不再可能有更多的时间和空间去诠释内容，而是去做，因此信息的传播便常常以装置的行为和三维空间的批判形式存在，传播中的受者不自觉地开始偏重于使用媒介本身和居住于其机械框架之中，而无力于观看或诠释符码的深层意义。

象征被抹去，操作取代经验。传统意义上的经由操作获取经验和确定意义的传播逐渐被肢解，甚至消散。手段－目的这种二元性的语言在新媒体的信息秩序的内在性时代里已经瓦解了。实际上，工具理性必然蕴含了手段的某种倾向，即工具仅为可用，而在新媒体时代，工具可用之后，一切都被工具化。如同传统经验中的置于对象的审美，其判断起点和终端的连接被截断了。美与崇高首先必须假定了一个仿佛外在的、超然物外的自由界域，但随着外在的消失，美与崇高就遁形了，这让任何美感判断成为不可能的事，因为没有足够的时间去判断。在随着判断者与判断的对象之间日益增进的无差别，也就没有足够的距离去判断了。当今相对于判断对象，连判断者也处于一种操作性的位置，也成为工具的一部分。编码解码的过程全部是机械的、工具的，或说是将两端的个体工具化的过程。

第三节　过度编码

一、意义导向的迷失

技术革新的初始是为了传播的更为畅通。当编码解码变位为过度编码和过度解码时，意义也被多元解释，当其以无限小的级数被更为个体化、多元化之后，意义即为操作本身。身体化即是意义阐释。在拉什的传播思想中，意义与操作性二者都是“意识（sense）的逻辑”，意识的逻辑就是布尔迪厄所说的“sens practice”（实践意识）：人们在世界中的自我导向方式。导向方式也就是基于媒介环境的个体定位方式。当中，媒介给予个体的便是导航。如今，在技术上越来越自由的、经常和信息与传播机械串联在一起的人类，借以在世界中自我导向的那种意识的逻辑、实践意识，已经主要归功于对于媒介介质的操作性而不是媒介内容的意义。受者借由操作性过滤掉了世界的噪音，也就是传播中的表象的“熵”，同时也过滤掉了意义。这形成一个有趣的悖论。社会的管理和统治是通过意义来运作的，而以网络为代表和典型的新媒体则通过操作性来存在；社会象征经由意义达成，真实则必须通过操作性彰显。一个以前或许大体上可称为确定意义的社会体制和都市性组织，如今被转化成了一个操作性的界面，这个界面还是流动的、去地域化的。而流动没有意义，它们是意义传播的运作自身，是操作性的。因此，面对一个流动性的生存方式，需要再思考的或许是数字化流动生存方式本身。

意义被铭刻在一种有机论的启发性思维框架里。在索绪尔看来，语言是有机的，语言是个指涉系统，是个分殊化的、有机的系统，它拥有自己的、不同于迪尔凯姆式的社会系统的一种有机性（organicity）。关于能指和所指或观念之间的关系，索绪尔要我们去注视在系统之内的众多能指之间的形式关系，能指不仅是把存在系统之外的所指绘制成一幅地图，更重要的是所指的确立必须仰赖能指的区别关系，这也就是说，系统内的诸器官间的关系给了我们意义，意义来自语言这种自我再生产的有机系统。然而，当说话与语言这种有机的存在物脱离了关系并转入一种流动的逻辑时，说话变成了单向的说（parole），而无话（langue），变成了与达意无关的表演[①]。

过度编码让原本期待分殊化，并一次促进社会进步的理论判断遭遇方法论的困惑。判断首先假定了一定程度的法则。马克斯·韦伯对于现代性的理解很大程度上是以界域的分殊化或者被他称为生活秩序（life-orders）的分殊化为中心的，一些生活界域和领域在这当中获得它自己的自主性，随着这种自我立法，而对任意界域内的行动进行判断，都要按照专属于该特定界域的法律来进行，例如文学、艺术、社会关系的组成等等。但如前所述，新媒体给予社会的信息秩序却倾向将这样的分殊溶解为一片普遍的无差别，此种普遍的无差别所意味的病态对于正常的社会征服是反方向的。同时，它也是对那些界域的法律的违规，以及对它们的有机性整体性的裂解，信息批判是非判断性的。在韦伯所设想的分殊化中，每一个部门都在它自己的物质性中运作，它都在属于其自身的特殊成分中运作，其独特混合形态是各个有机体成为一个系统的标准和特征。而新的传播秩序让这些分殊化的系统的有机存在向开放系统及流动的转变，这是带来无差别的根本，它给予社会的不是另一个新的系统形式，而是无形式的体制。

二、分殊化和无差异化影像本体论

在工业社会，每个分殊化的有机系统都通过其自身元素之物

① （英）斯各特·拉什著，杨德睿译《信息批判》，北京大学出版社 2009 年版，第 341 页。

质性的逻辑来运作，但如今这分殊化的物质性已退让给了一种无分殊化的观念性（ideality）、能指的物质性已被所指的观念性所取代，此种没有能指的观念，就是构成信息秩序之内容的单位，这种观念不是通过意义而是通过操作性来运作，于是，批判便通过操作性、通过符码来运作。这不是工具理性的某种体现，而是与工具理性对实质理性、交换价值对使用价值、康德所谓的手段王国对目的王国的二元论彻底断绝关系的一种逻辑的部分，问题的焦点在操作性的媒介、符码的媒介之中的一套斗争，是一套关于重做和重新铭刻符码的政治：整个过程被工具彻底颠覆，重新建构，一种使用、控制和拥有自身工具符码的政治①。

随着基于第一代媒介的组织化的资本主义的终结，这场分化过程走上了反方向而变成一场无分化（indifferentiation）的过程，导致了本于多种日益数字化的流动的一种普遍化的无分别，这种无分别则是建立在将传播思考力量逐于人类之外的基础上。它把一种最高度分别的过程描绘成一种普遍化的无分别的过程。问题的重点在于，无分别并没有走向哲学批判的虚无。自某一刻起，数字化的流动的无分别开始在自己的新领域上，或者新的去领域上（de-territories）凝结起来。于是，反身性的批判就更为普遍地推广到全球信息与传播秩序，在这种秩序中，最高度的理性的构想与设计导致了最高非理性的后果，最尖端的传播技术和受者的结合，其“熵”反而极大。当然，信息社会的系统并不是非理性的，它既是终极高

① （英）斯各特·拉什著，杨德睿译《信息批判》，北京大学出版社 2009 年版，第 344 页。

度理性也是细节高度非理性的，“观念（idea）”是信息秩序中传播之内容的基本单位，于是理性与非理性就以最高的张力和最大的集散状态被并置在观念里。传播学者拉什感慨，之于新媒体的信息社会，人们已经不再能够走到全球通信之流以外去寻找一个稳固的批判支点，因为再也没有所谓的外面存在了，信息批判就在信息自身里面。

由此，媒介学穿越众多社会理论的路径愈发明晰。当代对于社会关系的分析单位或许不再是社会行动，而是传播行为。在对信息秩序的兴起做出相应分析的理论中，基本分析单位就变成了通信或言辞表达（utterance）。这在哈贝马斯（言说行动）、福柯（Foucault）（论说）、卢曼（Luhmann）（通信）的作品中都可以看到。一旦站在中央地位的是传播和流动而非社会行动与制度或社会结构，社会学就渐渐被媒介学（mediology）渗透。基于新媒体的媒介学，又渐渐为影像重构，一切都可以描绘、压缩至影像，表意达成传播和统治。这里需要提到的是帕格森（Bergson）的影像——本体论（image-ontology）（在《物质与记忆》（matter and memory）一书中），影像本体论所讲的太初就是运动中的物质——影像，其中既无客体也无本体，只有影像，而这些影像同时也是物质。这些物质——影像在不断地运动，在一个光的环境中有着运动和产生能量的物质——影像，在这个开始中有一种普遍性的无差别，这就是太初之流。但当运动中的物质——影像的冷却，就有了分殊化、有了复杂性，分离了主客体，思想和哲学得以存在。影像，在某种程度上，不是传播的单位和个体，是政治方式和言说。

结论

非景观生存的媒介生态中，文本在再现的方式中，以凝固形式保藏过去的文化。在影像的传播中，被传送的景观本身，以及包括被增加的它的肯定性或否定性变迁形式，甚至被改写的景观消费行为，均在文化领域公然表达出景观在其整体性中所暗示的东西：不能沟通的沟通。技术的科技极端化让传播过程解码过度，过度传播即为反传播。对文本语言和理性思考空间最极端的破坏公开的爆破，被认为是一种技术上积极的机制，因为问题在于，它支持了与占统治地位的观念现状的和解，在那里全部沟通都被技术和工具化，以至于反抗式的意识完全缺席。因此，德波的景观理论直接指出，景观的功能就是运用文化去埋葬全部历史的记忆，就是将它的基本策略运用于它的现代派的伪创新的提升。而所有的行为及其目的都是指向重建没有共同体的社会终极。

权力到哪里去了？普遍化的无差异的内爆，几乎让社会批判忘记福柯的权力问题。其实权力并没有被吞噬，而是到别处了。它被排除到传统的基于工业制造体系的阶级关系之外，变成信息社会的知识产权。大众传播技术的高速发展带来的是与传播沟通反向的“熵”的剧增，即 Mass immedia of communication 大众传播非媒介。那么，基于新媒体的影像传送给信息社会，以及社会个体、传播终端传达的是怎样的导向性观念和生活方式呢?

其一，影像代理着独立个体之间的矛盾，同时以操作的方式溶解矛盾之间的界限，进而溶解社会的对抗。如德波所说，在景观娱乐的灿烂光环背后，一种平庸化（banalisation）的趋势支配着世界现代社会，即便在这里，商品消费更加发达的形式仿佛又增加了多种多样可供选择的角色和对象，人们消费影像和自身的身份认同行为。当中，宗教的和家庭的残余（家庭仍然是传递阶级力量的主要机构）与由这两种习俗所制约的道德压抑的残余相并列，正好与这一世俗满足的虚夸自负相混合，因为在这一特定世界的生活，依然保留着压抑并提供虚假满足。也许对现状自鸣得意的认同和景观造反是共存的——一旦丰裕经济发现了将其生产方法运用于特殊原料的方式，令人不满的事物本身就变成了一件商品。

对于以影像为自身基本传播方式的媒体明星的符号消费，成为景观生态中社会个体的重要消费模式。作为一个活生生的人类存在的景观代表，明星通过一种可能角色形象的对象化体现了一种普遍的陈腐和平庸。作为一个表面生活的专家，明星是那些补偿他们自己真实生活的碎片化和生产专门化的人们所认同的表面化生活的证明物，名人的功能就是以一种全面的、完全自由的风格，实践多种多样的生活方式和社会政治观点。他们通过戏剧化表现的社会劳动成果的副产品，体现了常人难以达及的社会劳动成果，这一社会劳动成果的副产品竟魔法般地将自己置于社会劳动成果之上，并作为它的最终目标：权力和休闲——决策和消费是这一永远不被质疑的过程的主要部分。一方面，政府的权力可以将自身人格化为一个伪明星；另一方面，消费明星又可认可自己为超越生活之上的伪权力。但这些明星自身以及被消费的活动并不是真正自由选择和真实的，他们也不可能提供真实的选择[①]。

其二，影像的技术传播演进使得平庸化逐渐演变为无差异化。文本的时代，即时间和差异的时代。社会生存的风险存在于差异空间，存在于未来不完全的决定性。这是一种自由基础上的危险，存在于拼凑一个部分不确定的生活史的需要。而反身性的讨论，即康德意义上的反省判断（reflective judgement），是风险社会和差异的认识论基础。而在影像的景观传播中，景观影像的反身性批判成为悖论。其所代理的人与个人是矛盾。非常明显，它是自身个性的敌人和他人个性的敌人，这是一样的。在景观中生存的任意个体，必须进入景观，才能接纳其他影像，获取认同和身份。景观在此既是个体的代表，也是规则的化身。为了作为一个典型进入景观而被认同，为了将自己认同为顺从物的过程的一般法则，景观代理人拒绝了所有自主（autonome）的品质，将其幻化为规训。如前症候式批判章节所述，尽管从表面上看明星的符号消费代表了不同的个性类型，但实际上影像消费行为展示的每一种个性类型都享有同等进入整个消费王国的权力，都有源

① （法）居伊·德波著，王昭风译《景观社会》，南京大学出版 2006 年版，第 22 页。

自于整个消费王国的同样的幸福和对个体肯定的标准。“判定一个名人必须看他是否拥有公认的人类品质的全部声誉。明星之间的正式差异，被预想的他们在一切事情都是优秀的这种无可逃避之暗示的官方相似性所抹杀。”① 因此，在影像传播的技术渐进过程中，差异变成了断点的冷漠。速度时间的意识被炸乱，因为过度编码的袭击，社会和个体淹没在影像的狂喜中，既没有对未来的不确定性，也没有对当下的确定性。价值无所依附。

其三，基于影像的信息社会秩序成为一种生存法则和理论形态。信息社会这一概念并不是指信息生产取代了商品生产的社会，也不是指知识或信息成了最重要的生产要素的社会，而是指“社会”的原则被“信息”的原则取代了的一种秩序、社会性（sociality）被某种信息性（informationality）取代了的一种秩序②。社会性是长久的邻近的，而信息性则是短暂的和远距的，因此，快速流通的消费品、快速剪切、拼凑的舞蹈音乐、30 秒电视广告以及迅速解体的装置以及行为艺术，就像数据库档案、图像文件和附件文档与软件一样具有信息性。社会关系变得不太是社会性，而是更信息性的问题，这个信息性还是基于视觉的，既容易接近，也易于消逝。它是远距的、短暂的和呈现的非再现的。快速流通的影像主动走向人们，只有短暂的寿命，来自一段距离之外，被传播始端从某种正在进行的生活形式中拔起，在顷

① （法）居伊·德波著，王昭风译《景观社会》，南京大学出版 2006 年版，第 23 页。

② （英）斯各特·拉什著，杨德睿译《信息批判》，北京大学出版社 2009 年版，第 123 页。

刻间被生产和吸收，几乎没有给接受者任何反思的时间。因此，当基于影像的信息性取代社会性，而成为社会组织的主导原则的时候，信息社会就出现了。其巨大矛盾是：以最高的知识和理性为生产要素所生产出来的东西，其无心之果竟是最极端的（也是信息性的）非理性的充斥和超载，即 deinformierte。同时，就影像的传播行为而言，媒介不再是文本或者叙事或图画的再现，接受者也不再是读者、看客、观赏者而更多是使用者。媒介是技术本身。

其四，基于新媒体的影像传播以信息性为基本属性，直接对抗工业制造业的生产本质，带来再生产的危机。社会经济霸权成为流动的霸权。资本主义原始积累和再生产过程在新媒体的秩序中被质疑。马克思的总体社会资本积累于两个部门：生产工具与消费品。工具也就是功能，而总体社会资本则被设想为一个有机体，所以积累就是扩大再生产。随着流动的霸权的兴起，时下发生的情况是流通的货币资本与资本积累被局部地分离，这不仅是积累的一种危机和贬值，更是一种广泛得多的再生产危机。在传统社会，秩序是借由“机械联接（mechanical solidarity）”——相同的、未分化的部分之间的联结来确保的[1]。贝克在大资本主义工业和大科学中发现了他所认定的风险创生之源——涉及组织的不负责任。基于此，他才提出风险生存的规则，同时，布尔迪厄也一直在追问社会如何进行再生产。而新经济打破了以上的普

① （英）斯各特·拉什著，杨德睿译《信息批判》，北京大学出版社 2009 年版，第 328 页。

遍规则。它是通信经济、传播经济。它是一个讲求资本或者信息的流动胜过资本或者信息的积累的经济，这些流动就是通信、最广义的传播。其中，流动的逻辑取代结构的逻辑，而当下新媒体技术支持的网络被理解为物流动借以通航的场所。社会多元的欲望的流动在结构与制度的普遍“去地域化（de－territorialization)”过程中获得霸权，同时也瞬间消散。因此，去地域化的流动以凝结为一群新的再地域化收场。起点和终结合二为一。社会传播的网络和个体角色的网络即为此。从社会管理和传播制度来说，这无疑是一种失范（anomie)。流动的失范让传统物质制造的外包行为变身为观念和经验的外包（outsourcing)，它不需要同质的、批量的再生产，继而拒绝一切本质。总之，如今的新媒体秩序支撑下的社会生态，即便在同时性的维度上也不再具有再生产性格的社会，相反的，它的特征是无止境的变化与不稳定性、无止境的不确定创新和无止境的非既定性生产。

参考文献

一、中文类

1.（法）阿芒·马特拉、米歇尔·马特拉著，孙五三译《传播学简史》，中国人民大学出版社 2008 年版。

2. 阿兰·斯威伍德著，冯建三译《大众文化的神话》，生活·读书·新知三联书店 2003 年版。

3.（英）艾尔·塞克尔著，张蓓译《视觉游戏 1》，海南出版社、三环出版社 2006 年版。

4.（美）保罗·M. 莱斯特著，霍文利、史雪云、王海茹译《视觉传播——形象载动信息》，中国传媒大学出版社 2002 年版。

5. 北京广播学院编《2004 新闻传播学前沿》，北京广播学院出版社 2004 年版。

6. 北京图像图形学学会编《图像图形技术研究与应用 2009》，中国传媒大学出版社 2009 年版。

7.（美）伯格著，姚媛译《通俗文化、媒介和日常生活中的叙事》，南京大学出版社 2000 年版。

8. 蔡骐、蔡雯著《媒介竞争论》，岳麓书社 2002 年版。

9. 曹路著《解读广播》，北京广播学院出版社 2004 年版。

10. 曹鹏、王卜伟主编《媒介资本市场透视》，北京光明日报出版社 2000 年版。

11. 常昌富等编选《大众传播学：影响研究范式》，中国社会科学出版社 2000 年版。

12. 陈卫星、胡正荣主编《全球化背景下的广播电视——广播电视发展国际学术研讨会文集》，北京广播学院出版社 2001 年版。

13. 陈犀禾编著《当代美国电视》，复旦大学出版社 1998 年版。

14. 陈晓宁主编《有线电视发展战略论文集》，中国广播电视出版社 2000 年版。

15. 陈郁编《所有权、控制权与激励——代理经济学文选》，上海三联书、上海人民出版社 1998 年版。

16. 程恩富主编《文化经济学》，中国经济出版社 1993 年版。

17. 褚多锋、奚春雁主编《媒介经营运作实务全书》，清华大学出版社 2001 年版。

18. （加）大卫·莱昂著，郭为桂译《后现代性》，吉林人民出版社 2005 年版。

19. （英）大卫·麦克里兰著，孔兆政、蒋龙翔译《意识形态》，吉林人民出版社 2005 年版。

20. 大卫·莫利著《电视、观众与文化研究》，台湾远流出版事业股份有限公司 1993 年版。

21. （英）戴维·莫利、凯文·罗宾斯著，司艳译《认同的空间》，南京大学出版社 2001 年版。

22.（美）道格拉斯·凯尔纳著，丁宁译《媒体文化——介于现代与后现代之间的文化研究、认同性与政治》，商务印书馆 2004 年版。

23. 丁柏铨著《中国当代理论新闻学》，复旦大学出版社 2002 年版。

24. 段忠桥主编《当代国外社会思潮》，中国人民大学出版社 2004 年版。

25.（英）多米尼克·斯特里纳蒂著，阎嘉译《通俗文化理论导论》，商务印书馆 2001 年版。

26. E. E. Dennis，D. M. Gillmor & A. H. Ismach 著，滕淑芬译《大众传播的恒久话题》，台湾远流出版事业股份有限公司 1992 年版。

27. Frank Webster 著，冯建三译《资讯社会理论》，远流出版事业股份有限公司 1999 年版。

28.《国外社会科学》编辑部编《当代西方思潮》，社会科学文献出版社 1988 年版。

29. 高培勇、崔军著《公共部门经济学》，中国人民大学出版社 2001 年版。

30. 龚翰熊著《现代西方文学思潮》，四川大学出版社 1987 年版。

31. 顾理平著《新闻法学》，中国广播电视出版社 2002 年版。

32. 韩鸿著《民间的书写——中国大众影像生产研究》，中国传媒大学出版社 2007 年版。

33. 郝朴宁、覃信刚著《现代媒介经营论》，云南民族出版社2002年版。

34.（澳）何舟、陈怀林著《中国传媒新论》，太平洋世纪出版社1998年版。

35. 胡小强编著《虚拟现实技术基础与应用》，北京邮电大学出版社2009年版。

36. 胡正荣著《媒介的现实与超越》，北京广播学院出版社2004年版。

37. 胡正荣著《媒介管理研究》，北京广播学院出版社2000年版。

38. 胡正荣著《媒介管理研究——广播电视媒介管理创新体系》，北京广播学院出版社2000年版。

39. 黄升民、丁俊杰主编《中国广电媒介集团化研究》，中国物价出版社2001年版。

40. 黄升民、丁俊杰著《国际化背景下的中国媒介产业化透视》，企业管理出版社2000年版。

41. 黄升民、丁俊杰著《媒介经营与产业化研究》，北京广播学院出版社1999年版。

42.（英）吉尔布兰斯顿著《电影与文化的现代性》，北京大学出版社2006年版。

43.（英）吉姆·麦克盖根著，桂万先译《文化民粹主义》，南京大学出版社2001年版。

44. 贾晓伟著《视觉的人质》，广西师范大学出版社2003年版。

45. 简新华、魏珊著《产业经济学》，武汉大学出版社 2001 年版。

46. 蒋晓丽等著《传媒与文化——文化视角下的传媒研究》，华夏出版社，2008 年版。

47. 蒋晓丽等著：《全球化背景下中国文化产业论》，四川大学出版社 2006 年版。

48. 蒋晓丽主编《传媒文化与媒介研究》，四川大学出版社 2007 年版。

49. 蒋晓丽主编《四川文化产业发展研究》，四川大学出版社 2006 年版。

50. 教育部社会科学研究与思想政治工作司组编《现代西方思潮概论》，高等教育出版社 2001 年版。

51. （法）居伊·德波著，王昭风译《景观社会》，南京大学出版社 2006 年版。

52. Klaus B. Jensen & Nicholas W. Jankowski 著，唐维敏译《大众传播研究方法》，五南图书出版公司 1996 年版。

53. Liesbet van Zoonen 著，张锦华、刘容玫译《女性主义媒介研究》，台湾远流出版事业股份有限公司 2001 年版。

54. （英）雷蒙·威廉斯著，刘建基译《关键词——文化与社会的词汇》，生活·读书·新知三联书店 2005 年版。

55. 李鸿翔著《视觉文化研究——当代视觉文化与中国传统审美文化》，东方出版中心 2005 年版。

56. 李欧梵著《现代性的追求》，生活·读书·新知三联书店 2000 年版。

57. 李希光著《转型中的新闻学》，南方日报出版社 2005 年版。

58. 李永健、展江主编《新闻与大众传媒通论》，中国人民大学出版社 2003 年版。

59. 李智著《全球化时代的国际思潮》，新华出版社 2003 年版。

60.（英）理查德豪·厄尔斯著，葛红兵等译，万华、曹飞廉校译《视觉文化》，广西师范大学出版社 2007 年版。

61.（英）利萨·泰勒、安德鲁·威利斯著，吴靖、黄佩译《媒介研究：文本、机构与受众》，北京大学出版社 2005 年版。

62. 林晖著《未完成的历史——中国新闻改革前沿》，复旦大学出版社 2004 年版。

63. 刘宏著《中国传媒的市场对策》，北京广播学院出版社 2001 年版。

64. 刘怡、张洪定、崔欣编著《虚拟现实 VRML 程序设计》，南开大学出版社 2008 年版。

65. 刘益军编著《电视摄影教程》，四川美术出版社 2006 年版。

66. 刘勇著《媒体中国》，四川人民出版社 2000 年版。

67. 刘毓敏等编著《数字电视制作技术——设备原理、系统配接与操作》，机械工业出版社 2008 年版。

68. 陆地著《中国电视产业的危机与转机》，中国人民大学出版社 2002 年版。

69. 陆扬、王毅著《大众文化与传媒》，上海三联书店 2000

年版。

70. 陆晔、赵民主编《当代广播电视概论》，复旦大学出版社2002年版。

71. Micheal Schudson 著，何颖怡译《探索新闻——美国报业新闻史》，台湾远流出版事业股份有限公司1993年版。

72. 吕平、谢立文著《电视产业运筹》，湖北人民出版社2002年版。

73. 罗刚、刘象愚著《文化研究读本》，中国社会科学出版社2003年版。

74. 罗刚、王中忱主编《消费文化读本》，中国社会科学出版社2003年版。

75. 罗钢、刘象愚主编《后殖民主义文化理论》，中国社会科学出版社1999年版。

76. （美）马克·波斯特著，范静晔译《第二媒介时代》，南京大学出版社2001年版。

77. （英）马尔科姆·巴纳德著，王升才、张爱东、卿上力译《艺术、设计与视觉文化》，江苏美术出版社2007年版。

78. （日）美浓导彦、西田正吾编《信息媒体工程》，科学出版社2001年版。

79. （美）尼古拉斯·米尔佐夫著，倪伟译《视觉文化导论》，江苏人民出版社2007年版。

80. （英）尼古拉斯·阿伯克龙比著，张永喜、鲍贵、陈光明译《电视与社会》，南京大学出版社2001年版。

81. （英）尼古拉斯·加汉姆著，李岚译《解放·传媒·现代性——关于传媒和社会理论的讨论》，华夏出版社 2004 年版。

82.（英）尼克·史蒂文森著，王文斌译《认识媒介文化——-社会理论与大众传播》，商务印书馆 2001 年版。

83.（英）诺曼·费尔克拉夫著，殷晓蓉译《话语与社会变迁》，华夏出版社 2003 年版。

84. 潘知常、林玮著《大众传媒与大众文化》，上海人民出版社 2002 年版。

85. 彭兰著《网络传播概论》，中国人民大学出版社 2001 年版。

86. 钱家渝著《视觉心理学》，学林出版社 2006 年版。

87.（美）乔纳森·弗里德曼著，郭建如译《文化认同与全球化过程》，商务印书馆，2002 年版。

88.（法）让一保罗萨特著，杜小真译《想象》，上海译文出版社 2008 年版。

89. 任金洲著《中国电视与市场经济对话》，北京广播学院出版社 2002 年版。

90. Shearon A. Lowery & Melvin L. De Fleur 著，王嵩音译《传播研究里程碑》，台湾远流出版事业股份有限公司 1993 年初版。

91.（法）萨比娜·梅尔基奥尔一博奈著，周行译《镜像的历史》，广西师范大学出版社 2004 年版。

92. 萨义德著，李琨译《文化与帝国主义》，生活·读书·新知三联书店 2003 年版。

93. 萨义德著，王宇根译《东方学》，生活·读书·新知三联书店 1999 年版。

94.（美）塞缪尔·亨廷顿著，周琪、刘绯、张立平、王圆译《文明的冲突与世界秩序的重建》，新华出版社 2002 年版。

95. 邵培仁、刘强著：《媒介经营管理学》，浙江大学出版社 1998 年版。

96. 时统宇著《电视批评理论研究》，中国广播电视出版社 2003 年版。

97.（英）史蒂文·康纳著，严忠志译《后现代主义文化》，商务印书馆 2002 年版。

98. 史忠良主编《产业经济学》，经济管理出版社 1998 年版。

99.（英）斯各特·拉什著，杨德睿译《信息批判》，北京大学 2009 年版。

100.（英）斯图尔特·霍尔编《表征——文化表象与意指实践》，商务印书馆 2003 年版。

101. 孙玉胜著《十年——从改变电视的语态开始》，生活·读书·新知三联书店 2003 年版。

102.（英）特里·伊格尔顿著，华明译《后现代主义的幻想》，商务印书馆 2000 年版。

103. 童兵、林涵著《20 世纪中国新闻学与传播学》，复旦大学出版社 2001 年版。

104. 万力主编《媒介经营与产业化操作实务》，新华出版社 1999 年版。

105. 汪晖、陈燕谷主编《文化与公共性》，生活·读书·新知三联书店 1998 年版。

106. 王长潇主编《电视影像传播概论》，中山大学出版社 2006 年版。

107. 王长潇著《当代中国电视文化传播论纲》，山东人民出版社 2005 年版。

108. 王海龙著《视觉人类学》，上海文艺出版社 2007 年版。

109. 王惠臣著《论运输管制公共性与企业性的悖论》，高等教育出版社 1997 年版。

110. 王录主编《面向新世纪的广播电视》，中国国际广播出版社 2000 年版。

111. 王志敏、杜庆春主编《理论与批评：影像传播中的身份政治与历史叙事》，中国电影出版社 2004 年版。

112. 翁志清、陈伟平编著《数字电视制播系统》，上海大学出版社 2009 年版。

113. 吴克宇著《电视媒介经济学》，华夏出版社 2004 年版。

114. 夏基松主编《现代西方社会思潮》，南京大学出版社 1986 年版。

115. 谢少波、王逢振编《文化研究访谈录》，中国社会科学出版社 2003 年版。

116. 熊澄宇著《新媒介与创新思维》，清华大学出版社 2001 年版。

117. 杨杰、姜秀华主编，石东新、杨宇、陈爽文等编著《数字电视制作与播出技术》，电子工业出版社 2008 年版。

118. 杨魁、董雅丽著《消费文化——从现代到后现代》，中国社会科学出版社 2003 年版。

119. 杨伟光主编《中国电视论纲》，中国广播电视出版社 1998 年版。

120. 杨治著《产业经济学导论》，中国人民大学出版社 1985 年版。

121. 尹鸿、李彬主编，清华大学新闻与传播学院编《全球化与大众传媒——冲突·融合·互动》，清华大学出版社 2002 年版。

122. 于丽爽、宋茜著《脱口成风——谈话的力量》，中央编译出版社 2004 年版。

123. 喻国明著《变革传媒——解析中国传媒转型问题》，华夏出版社 2005 年版。

124. 喻国明著《媒介的市场定位》，北京广播学院出版社 2001 年版。

125.（美）约翰·菲斯克著，杨全强译《解读大众文化》，南京大学出版社 2001 年版。

126.（美）詹姆斯·埃尔金斯著，丁宁译《视觉品味》，生活·读书·新知三联书店 2006 年版。

127. 詹明信著，唐小兵译《后现代主义与文化理论》，台湾合志文化事业股份有限公司 2002 年版。

128. 张殿元著《广告视觉文化批判》，复旦大学出版社 2007 年版。

129. 张锦华著《传播批判理论》，台湾黎明文化事业有限公司 1994 年版。

130. 张涛编著《多媒体技术与虚拟现实》，清华大学出版社

2008年版。

131. 张晓明、胡惠林、章建刚主编《2004：中国文化产业发展报告》，社会科学文献出版社2005年版。

132. 张昕竹主编《中国规制与竞争：理论和政策》，社会科学文献出版社2000年版。

133. 张咏华著《中外网络新闻业比较》，清华大学出版社2004年版。

134. 郑秉文著《市场缺陷分析》，辽宁人民出版社1993年版。

135. 郑福林、李秀峰主编《现代西方四大社会思潮》，吉林人民出版社1989年版。

136. 郑杭生主编《当代西方哲学思潮概要》，中国人民大学出版社1987年版。

137. 支庭荣著《媒介管理》，暨南大学出版社2002年版。

138. 中共中央党校主编《当代世界思潮》，中共中央党校出版社2000年版。

139. 中国国家广播电影电视总局广播影视信息网络中心编《第一届中美有线电视高级管理研讨会文集》，气象出版社2001年版。

140. 中国金鹰电视艺术节组委会、央视一索福瑞媒介研究有限公司、北京广播学院著《中国电视市场报告》，华夏出版社2004年版。

141. 仲志远著《网络新闻学》，北京大学出版社2002年版。

142. 周鸿铎等著《传媒经济》，北京广播学院出版社1997

年版。

143. 周鸿铎著《传媒产业经营实务》，新华出版社 2000 年版。

144. 周鸿铎著《广播电视经济学》，中国广播电视出版社 2000 年版。

145. 朱兰芝主编《当代世界思潮》，人民出版社 2002 年版。

146. 朱强编著《新传媒技术概论》，浙江大学出版社 2008 年版。

二、英文类

1. Alan B. Alharran and Sylvia M. chan－Olmsted.：*Global media economics：commercialization，concentration，and integration of world media markets*，Iowa：Iowa State University Press，1998

2. Alan B. Alharran：*Media Economics：understanding markets，industries，and concepts*，Iowa：Iowa State University Press，1996

3. Albrow，Martin. 1996. *The Global Age：State and society beyond modernity*. Cambridge：polity Press

4. Alison Alexander，James Owers，Rodney Carveth.：*Media economics：theory and practice*，London：Lawrence Erbaum Associates Pub. 1998

5. Anthony McGrew et al：*Globalization and the nation States*，Polity press，1992

6. Avin J. silk, Emst R. Bemdt: "*Cost, Institutional, Mobility Bartles, and Market Structure: Advertising Agencies as Multiproduct Firms*," http: //www. nber. org/papers/w4826

7. Avin J. silk, Lisa R. Klein, Ernst R. Bemdt: "*Intermedia Substitutability and Market Demand By National Adverting*," http: //www, nber. org/papers/ w8624

8. Bauman, Zygmunt. 1998. Globalization: *The Human Consequences*. Cambridge: Polity Press

9. Ben Agger, *Cultural Studies as Critical Theory*, The Falmer Press, 1992

10. Ben H. Bagdikian.: *The media monopoly*, Boston: beacon press, 1997

11. Benjamin M. Compaine, Douglas Gomery: "*Who Own The Media? Competition and concentration in the mass media industry*", Third Edition, New Jersey, Lawrence Erlbaum Associates, Publishers, 2000

12. Cass R. Sunstein,: "*Private Broadcasters and the Public Interest: Notes Toward a 'Third Way'*," http: //www, law. uchicago, edu/publications/Work-ing /index, html

13. *Economic Policy*, 1997-25

14. Foster, H. 1979, The news Literacy: *the language of film and television*, Urbana, IL: *National Council of Teachers of English*

15. Gitlin，T，1983，*Inside Prime Time*，New York：Pantheon

16. Glasgow University Media Group，1976，*Bad News*，London：Routledge & Kegan Paul

17. Graeme Turner，*British Cultural Studies：An Introduction*，London and New York：Routledge，1992

18. Gregory S. Crawford：*The Causes and Consequence of Growth In the Cable Tele Industry* http：//www，nber. org/papers/

19. Hutton：Media - Judge and Journalist，Hutton：*Government and consequences*，2004，guardian

20. Jean Seaton& James Curran，*Power without Responsibility*，Glasgow，William Collins Sons & Co. Ltd

21. *Journal of Industrial Economics*，1992—40

22. *Journal of Public Economics*，1999—71

23. London：Routledge. Shiach，Morag. 1991. '*Feminism and Popular Culture*'. *Critical Quarterly*33 (2)：37—46.

24. Massimo Motta and Michele Polo："*Concentration and public policies in the broadcasting industry：the future of television*，" Economic Policy 25，1997

25. Michael Henry，*Media industry transactions*，London：Butterworths，1998

26. Mike Feintuck：*Media Regulation*，*Public Interset and the Law*，Edinburgh University Press，1999

27. Murdock，Graham and Peter Golding. 1977. '*Capitalism*，*Communication and Class Relations*'. *In Mass Communication and Society*，ed. James Curran，Michael Gurevitch and Janet Woollacott，12—43. London：Edward Arnold

28. Nelson，Cary andLawrence Grossberg，eds. 1988. *Marxism and the Interpretation of Culture*. Urbana：University of Illinois Press

29. Nightingale，Virginia. 1989. '*What's Ethnographic about Ethnographic Audience Research*?' Australian Journal of Communication 16：50—63

30. O'Sullivan，Tun，Danny Saunders，John Hartley and John Fiske. 1983 ~ *Key Concepts in Communication*. London：Methuen

31. P. Golding and G. Murdock，"*Culture*，*Communication and Political Economy*"，in James Curran and M. Gurevitch，*Mass Media and society*，2000，London，Arnold

32. Palmer，Patricia. 1986. The Lively Audience. Sydney：Allen & Unwin. Perry，George. 1975. *The Great British Picture Show*. London：Paladin. Philo，Greg. 1990. Seeing and Believing：The Influence of Television. London：Routledge

33. Patrick Fuery and Nick Mansfield，*Cultural Studies and Critical Theory*，Oxford University Press，2000

34. Pleasance，Helen. 1991. '*Open or Closed*：*Popular Magazines and Dominant Culture*'. In Off Centre：Feminism

and Cultural Studies, ed. Sarah Franklin, Celia Lury and Jackie Stacey, 69—84. London: HarperCollins

35. Powell, Rachel and John Clarke. 1976～ A Note on Marginality'. In Resistance Through Rituals: *Youth Subcultures in Post－War Britain*, Stuart Hall and Tony Jefferson, 223－29. London: Hutchinson. Pribram, Deidre, ed. 1988. Female Spectators: Looking at Film and Television. London: Verso

36. Radway, Janice. 1987. *Reading the Romance: Women, Patriarchy and Popular Literature*. London: Verso. First published in 1984—1988. Reception Study: Ethnography and the Problems of Dispersed Audiences and Nomadic Subjects'. Cultural Studies 2 (3): 359—376

37. Richard Collins, Nicholas Garnham, Gareth Locksley: *The Economics of Tele－vision the UK Case*, Sage publication, 1988)

38. Robert G. Picard.: *Media economics: concepts and issues*, Sage Publications, 1989

39. Ronald Goettler, Ron Shachar: "*Spatial Competition in the Network Television Industry*," http: //www, nber. org/papers/

40. Rose, Jaqueline. 1986. "Sexuality in the Field of Vision." London: Verso. ～1988. 'Margaret Thatcher and Ruth Ellis'. New Formations 6: 3－30. Sanders, Claire. 1992. 'Roused by the Rabble'. The Times Higher Education Supple-

ment 11 Dec. p. 40

41. Saussure, Ferdinand de. 1960. *A Course in General Linguistics*, Wade Baskin. London: Peter Owen

42. Scannell, Paddy and David Cardiff. 1982. '*Serving the Nation: Public Service Broadcasting Before the War*'. *In Popular Culture: Past and Present*, Bernard Wakes, Tony Bennett and Graham Martin, 161—88. London: Croom Helm

43. Schlesinger, Philip. 1978. Putting 'Reality' Together: BBC News. London: Constable. (Revised edition published 1987, London: Methuen.) ——1991. *Media, State and Nation: Political Violence and Collective Identities*. London: Sage

44. Schwarz, Bill. 1994. '*Where is Cultural Studies?*' *Cultural Studies*8 (3): 377—393

45. Seiter, Ellen, Hans Borchers, Gabriele Kreutzner and Eva — Maria Warth, eds. 1989. Remote Control: *Television, Audiences and Cultural Power*

46. Simeon Djankov, Garalee Mcliesh, Tatiana Nenova, Andrei Shleifer: "*WhoOwns the Media?*" http: //www, nber. org/papers/w8288

47. Vicki Macleod: *Media ownership and control in the age convergence*, London: Institute of Communications, 1996

图书在版编目（CIP）数据

新媒体影像传播研究/罗飞著. —4版. —成都：巴蜀书社，2013.5

ISBN 978-7-5531-0238-2

Ⅰ. ①新… Ⅱ. ①罗… Ⅲ. ①传播媒介—研究 Ⅳ. ①G206.2

中国版本图书馆CIP数据核字（2013）第069533号

新媒体影像传播研究

XinMeiTi YingXiang ChuanBo YanJiu

罗 飞 著

责任编辑 潘伟娜
出 版 四川出版集团巴蜀书社
成都市槐树街2号 邮编610031
总编室电话：（028）86259397
网 址 www.bsbook.com
发 行 巴蜀书社
发行科电话：（028）86259422 86259423
经 销 新华书店
印 刷 成都蜀通印务有限责任公司
电话：（028）84122206
版 次 2013年9月第1版
印 次 2013年9月第1次印刷
成品尺寸 203mm×140mm
印 张 6.625
字 数 160千
书 号 ISBN 978-7-5531-0238-2
定 价 23.00元